Johannes F. Brakel
Indios, Inka, Immigranten

Johannes F. Brakel

Indios, Inka, Immigranten

Menschen, Länder und Kulturen
in Mittel-, Süd- und Nordamerika

Verlag Freies Geistesleben

*Herausgegeben von der Pädagogischen Forschungsstelle
beim Bund der Freien Waldorfschulen*

Johannes F. Brakel ist Lehrer für Biologie, Chemie und Erdkunde an der Rudolf Steiner-Schule Hamburg-Wandsbek. Auf seinen zahlreichen Exkursionen nach Afrika, Asien und Amerika hat er sich eingehend mit den dortigen Tieren und Pflanzen sowie den geografischen und kulturellen Besonderheiten der verschiedenen Regionen beschäftigt. Im Verlag Freies Geistesleben sind von ihm auch die Bücher *Biber, Buntspecht und Delphine; Birken, Mohn und Baobab* sowie *Buschmann, Buddha, Tuareg* erschienen.

1. Auflage 2014

Verlag Freies Geistesleben
Landhausstraße 82, 70190 Stuttgart
Internet: www.geistesleben.com

ISBN 978-3-7725-2467-7

INHALT

I. COSTA RICA – DIE REICHHALTIGE KÜSTE

II. PERU – AUF DER SUCHE NACH SCHÄTZEN

III. KANADA – WEITES LAND UND WEITE «SIEDLUNG»

I. COSTA RICA – DIE REICHHALTIGE KÜSTE

Karibikküste und Hochtal

Bewegungen

Golden geht die Sonne über den weißen Schaumkronen des anbrandenden blaugrünen Meeres auf. Die Luft ist klar und saubergewaschen von den Regenschauern der vergangenen Tropennacht. Noch ist es angenehm kühl unter den dunkelgrünen Mangrovenbäumen und Kokospalmen am schmalen Sandstrand hinter den Korallenriffen. Noch ist es auch völlig still – ein Morgen wie außerhalb jeder Zeit, ein Morgen, wie es ihn schon vor Tausenden von Jahren gegeben hat.

Und doch ist die Zeit seither nicht stehen geblieben: eine stahlblaue und rauchbraune Schwalbe flitzt knapp über die Schaumkronen dahin, eine zweite folgt dicht dahinter, noch eine und noch eine, Hunderte, im Laufe des Tages Tausende Rauch-, Mehl- und Rötelschwalben folgen dem Verlauf der Küste nach Norden.

Später wird die Sonne die Luft erwärmt haben, und die erwärmte Luft wird nach oben steigen. Dann lassen sich auch die Greifvögel mit ausgespannten Flügeln aus den Nischen, in denen sie die Nacht verbracht haben, in die warme Luft fallen und in großen Kreisen nach oben tragen. Hunderte kreisen dann umeinander. Emporgetragen in die Höhe, lassen sie sich ohne einen Flügelschlag geradeaus in die

Links: Hunderte und Tausende Greifvögel lassen sich von der warmen Thermik tragen.

*Mangroven, Kokospalmen, Sandstrand und Korallenriffe an Costa Ricas Karibik-
küste.*

Truthahngeier suchen nach Abfall und halten den Strand damit sauber.

nächste Thermik gleiten: Truthahngeier, Rabengeier, Weißbussarde und viele andere ziehen hier auf dem Durchzug nach Norden hindurch – zehntausend in einer Stunde!

Wenn es noch wärmer geworden ist, folgen die Schmetterlinge. Aus dem Schattendunkelgrün der Mangrovenbäume tauchen sie auf: schwarz und fast unsichtbar im Schatten, doch wie von grasgrünem, glitzerndem Metallstaub aufblitzend, sobald sie einen Sonnenfleck durchqueren. Erst sieht man nur einen und hält ihn für einen einheimischen Schmetterling, der Blüten sucht. Dann folgen viele, Tausende, alle ziehen in dieselbe Richtung, alle nach Norden. Nichts hält sie auf ihrem Weg auf, keine hohen Bäume oder Häuser, nicht einmal die verlockend duftenden Blumen. Erst am Abend taumeln sie erschöpft um die nektarspendenden Baumblüten und saugen sich mit Nektar voll – für die nächste Etappe am nächsten Morgen. Zweihundertvierzig Kilometer können es jeden Tag sein.

Nord- und Südamerika sind Kontinente, die von hohen Gebirgsketten durchzogen sind. Aber diese stehen nicht – wie in Europa die Alpen, die Pyrenäen oder die Karpaten – quer zum Wanderzug von Süden nach Norden. Sie halten diesen nicht auf, im Gegenteil. Sie sind wie eine Art Leitplanke für die Reise. Vögel und Schmetterlinge fliegen ungehindert im Herbst aus dem kühler werdenden Nordamerika in das tropische Südamerika und im Frühling wieder zurück.* Durch Costa Rica in Mittelamerika müssen sie alle hindurch. Es ist ein kleines Land, zwischen dem Atlantischen und dem Pazifischen Ozean oft nur hundertzwanzig Kilometer breit. Die Gebirgsketten, die Kordilleren**, rücken an manchen Stellen dicht an die Ozeane he-

---

* Südlich des Äquators fliegen die Zugvögel in umgekehrter Richtung: Wenn es kühl wird, in den tropischen Norden; wenn es wärmer wird, in den kühleren Süden.
** Sprich: Kordijéren

Am Abend sammeln sich die Wanderfalter um die süß duftenden Nektarblüten.

ran. Die Zugvögel ziehen zwischen den Bergen und dem Meer hindurch. Deswegen kann man ihren Strom hier, an der «reichhaltigen Küste», jeden Frühling und jeden Herbst so eindrücklich beobachten wie sonst nirgends auf der Welt!

Eine Entdeckung

Hat Kolumbus Amerika entdeckt? Die Ureinwohner Costa Ricas sehen das gewiss anders! Sicher ist Christopher Kolumbus mit seinen drei Schiffen auf seiner dritten Reise bei der Insel Uvita vor Anker gegangen. Dort, wo heute die große Hafenstadt Puerto Limón liegt, ruderte er mit einigen seiner Männer in die große, bewaldete Bucht. Die Bewohner der Küste hatten seine Schiffe schon lange entdeckt und schickten zwei Häuptlingstöchter voraus, die die Fremden am Strand erwarteten. Sie empfingen die fremden Männer als Freunde und boten ihnen das Beste, was sie hatten, als Geschenke an: Obst und Früchte des Waldes und als Zeichen ihrer besonderen Anerkennung kostbare Darstellungen von Tieren des Waldes aus massivem, purem Gold. Was hatte es mit diesen Tierdarstellungen auf sich? Kolumbus interessierte das nicht. Ihn interessierte nur der Wert des puren Goldes. Diese Küste musste sehr reich sein, wenn sie so viel Gold hatte. Er nannte sie Costa Rica, die reiche Küste. Die Bewohner nannte er Indianer*, denn er glaubte ja, dass er auf seiner Fahrt nach Westen in Indien angekommen sei. Der Seeweg nach Indien, der Handel mit den kostbaren indischen Gewürzen, der erhoffte Gewinn, das Gold – das war es, was Kolumbus interessierte, nicht die Kultur seiner Bewohner.

Ungerührt von den Freundschaftsgeschenken entführte er die beiden Häuptlingstöchter auf sein Schiff. Später erschossen die Siedler alle Männer, zerstörten die Dörfer und trieben die Frauen und Kinder fort, tief in den Wald hinein.

Hat Kolumbus Amerika entdeckt? Oder hat er seine Bewohner vernichtet und ihre Kultur zerstört?

---

* Diesen Namen mögen die heutigen Nachfahren gar nicht gerne, da sie ja nicht in Indien leben. Sie bezeichnen sich selber als Indigenas oder Indios, also Eingeborene, die – im Gegensatz zu den späteren Siedlern – schon immer hier lebten. Oder sie benennen sich mit den Namen ihrer jeweiligen Stämme.

Die Neubesiedlung

Als in den folgenden Jahren die ersten Siedler aus Spanien hierher kamen, um sich fern von ihrer Heimat eine neue Existenz aufzubauen, fanden sie die Küste, ihre Wälder und das Land dahinter fast menschenleer. Wo waren die Indios? Die Siedler trieben eine Welle des Todes vor sich her. Doch waren es nicht nur Gewehre und Kanonen, sondern vor allem Krankheiten, die sie mitbrachten. Schnupfen, Grippe, Masern oder Pocken waren Krankheiten, gegen die das Immunsystem der Europäer im Laufe von Jahrtausenden widerstandsfähig geworden war. Die spanischen Siedler überstanden diese Krankheiten leicht. Das Immunsystem der Indios hingegen kannte diese Krankheiten gar nicht und war ihnen schutzlos ausgeliefert. Fast die gesamte Bevölkerung starb an den neuen Krankheiten, ohne dass die Siedler dies überhaupt bemerkten.

Den Siedlern, die aus dem trockenen, kargen Spanien kamen, schienen die üppigen, von krokodilbewohnten Flüssen und Sümpfen durchzogenen Küstenebenen mit ihrer Hitze und Schwüle, mit ihren heftigen, fast ganzjährigen Platzregen wenig geeignet für die Landwirtschaft, die sie aus ihrer Heimat Spanien kannten. Sie waren tief enttäuscht von der «reichen Küste», die Kolumbus ihnen vorgeschwärmt hatte. Sie zogen von der Küste aus weiter ins Landesinnere. Dazu schlugen sie sich mit ihren Macheten* Pfade in den tropischen Regenwald. Sie überquerten auf ihren mitgebrachten Pferden und Maultieren und mit ihrer gesamten Ausrüstung, mit Rindern, Schafen, Ziegen, Hühnern, Saatgut und Werkzeugen in einem beschwerlichen Treck die hohen und steilen, von Regenwald überzogenen Gebirgsketten. Und was sie nach einigen Wochen dahinter vorfanden, gefiel ihnen weitaus besser. Jenseits der Gebirgsketten fiel das Land wieder ab, aber nicht bis auf

* Sprich: Matschéten

Meeresniveau, sondern nur bis auf etwa 1100 Meter. Ein ebenes, weites und zwei Tagesmärsche langes Hochtal eröffnete sich vor ihnen. Hier regnete es auch, aber nicht in den gewaltigen Massen der Küstenebene. Und hier war es tagsüber kühler, weniger schwül, und nachts kühlte es stärker ab. Hier war es ihrer spanischen Heimat ähnlicher. Hier im zentralen Hochtal des Landes ließen sie sich nieder.

Theoretisch gehörten die Siedler zum spanischen Königreich und unterstanden dem spanischen König in Madrid und der spanischen Kolonialregierung für ganz Spanisch-Amerika in Guatemala. Doch praktisch lebten sie am äußersten Rand der spanischen Kolonien. Rings von den hohen, unzugänglichen Gebirgsketten umschlossen, hörten sie wenig oder nichts von der übrigen Welt. Und weil es in ihrer neuen Heimat keine Reichtümer, Bodenschätze oder andere Kostbarkeiten gab, interessierte sich auch niemand für ihre Provinz.

Jeder Einzelne musste das, was er gerne essen wollte, selber anbauen. Brot war selten, weil der Weizen nur schlecht gedieh. Von einem einzelnen ausgesäten Weizenkorn wuchs eine Weizenpflanze, deren Ähre nur zehn Weizenkörner enthielt. Außerdem brauchte man, um den Weizen zu dreschen, eine Tenne und Dreschflegel. Ein einzelnes ausgesätes Maiskorn hingegen wuchs zu einer Pflanze, deren Kolben hundert Maiskörner enthielt. Und die Maiskörner konnten die Bauern leicht von Hand aus dem Kolben herausbrechen. Außer Mais bauten sie Bohnen und Kochbananen sowie Knoblauch und Koriander als Gewürze an. Manchmal pflanzten sie auch Zuckerrohr und Tabak an – beides, um es zu verkaufen. Ihre Hilfen bei der täglichen Arbeit waren die Ochsen, die den Pflug und den Karren zogen, sowie Pferde und Maultiere um in die nächste, meist sehr weit entfernt liegende Stadt reiten zu können.

Damit sie nicht ganz so weit reiten mussten, erbaute manchmal ein Händler dort, wo sich die Wege in die Stadt kreuzten, weit entfernt von jeder Siedlung und jedem Haus, einen Schuppen, in dem er alles verkaufte, was die Bauern nicht selber herstellen konnten: Salz, Zucker, Fett, billige Töpfe, Arbeitshemden, Seile, Macheten, Nähnadeln usw. Alle paar Wochen ritten die Bauern hierher, müde von der täglichen Arbeit, müde auch davon, dass sie mit niemandem reden konnten. Hier kauften sie nicht nur ein, hier tranken sie auch ein Bier oder ein paar mehr, hier tauschten sie Rezepte und Nachrichten mit ihren Nachbarn aus, bis sie dann wieder in ihre Einsamkeit zurückritten.

Manche Bauern waren gleichzeitig auch Handwerker, die nebenher für die anderen als Schreiner Möbel oder Werkzeugstiele für Spaten und Hacken, aber auch Holzhäuser oder eine Kirche schreinerten. Andere trockneten Tonziegel, zogen Kerzen oder brannten Holz zu Holzkohle. Auf manchen Haziendas* spannen und webten die Frauen Baumwolle zu Fäden und Tuch; andere schneiderten oder machten Hüte. Es gab auch einzelne Silberschmiede, die Schmuck schmiedeten; aber selbst diese waren eigentlich Bauern, die ihr Essen selber anbauten.

Die Zeit des Kaffees

Ganz anders wurde das Leben im Hochtal, als man zu Beginn des 19. Jahrhunderts entdeckte, dass auf den vulkanischen Böden des Hochtales auch Kaffeesträucher sehr gut gediehen. Kaffee anzubauen war etwas ganz anderes als Mais oder Bohnen. Denn den Kaffee tranken die Bauern nicht selbst, sondern verkauften ihn nach Europa und Nordamerika, wo die Menschen genügend Geld für ein solches Luxusprodukt hatten und bereit waren, für guten Kaffee gut zu bezahlen.

* Spanisch: größerer Bauernhof

Kaffee

Kaffee macht munter! Zuerst fiel dies Ziegenhirten in den äthiopischen Bergen auf, als manche Ziegen abends nicht einschliefen. Es waren immer diejenigen, die von den dunkelgrünen Blättern eines Waldstrauches gefressen hatten. Die Hirten sammelten Blätter und Früchte des Strauches und gaben sie kräuterkundigen Mönchen eines christlichen Klosters. Die Mönche kochten eine Art Tee daraus. Und tatsächlich: Auch sie wurden abends und bei den langen nächtlichen Chorgesängen nicht mehr müde. Allerdings schmeckte der «Tee» abscheulich. Zufällig fielen die roten Früchte einmal ins Feuer. Oder hatte einer der Mönche aus Ärger über das abscheuliche Getränk diese einfach ins Feuer geworfen? Die Kaffeefrüchte wurden jedenfalls im Feuer geröstet. Und nachdem die Mönche sie aufgekocht hatten, schmeckte der schwarze Sud sehr lecker aromatisch – eben nach Kaffee!

Vom Kaffeestrauch bis zur dampfenden Tasse Kaffee ist es ein langer Weg. Karen Blixen schrieb (in ihrem Buch *Afrika. Dunkel lockende Welt)* über ihre Kaffeeplantage: «Kaffeeanbau ist eine langwierige Arbeit. Sie geht durchaus nicht so glatt, wie man sich's vorstellt, wenn man jung und hoffnungsvoll bei strömendem Regen die Kisten mit den zarten jungen Kaffeepflänzchen von der Baumschule holt und mit allen Leuten aufs Feld zieht und darüber wacht, dass alle Pflänzchen in die ordentlich gereihten Löcher ins nasse Erdreich gesetzt werden, in dem sie wachsen sollen, dicht beschattet gegen den Sonnenbrand durch Zweige aus dem Walde – denn Dämmerung ist die Zuflucht allen Lebens. Es währt vier oder fünf Jahre, ehe die Sträucher Frucht tragen, und derweil können dürre Jahre über das Land kommen oder Krankheiten – die frechen wilden Unkräuter schießen in den Feldern dick empor. Einige Bäumchen sind schlecht gepflanzt, ihre Hauptwurzel ist verbogen. und sie sterben, ehe sie zu blühen beginnen.»

Der wilde Kaffeestrauch wächst im Schatten tropischer Hochlandwälder Äthiopiens. Und auch der kultivierte Kaffee wächst unter diesen Bedingungen am

Reife rote und noch unreife Kaffeekirschen hängen gleichzeitig am Strauch.

besten. «Zuweilen ist es sehr schön auf einer Kaffeepflanzung», erzählte Karen Blixen. «Wenn die Pflanzung in Blüte stand, bot sich ein leuchtendes Bild, eine Wolke von Kreide schien im Nebel und Regengeriesel weit übers Land gebreitet.» Die Kaffeblüten duften ähnlich wie Jasmin, aber etwas herber.

Nach acht bis zwölf Monaten reifen die Früchte, jedoch nicht gleich schnell. Wenn die ersten Kaffeekirschen rot aus dem grünen Blattwerk glänzen, verstecken sich noch viele grüne und unreife darin.

Die Kaffeearbeiter einer kleinen Finca* gehen immer wieder durch die Reihen der Sträucher und pflücken sorgfältig nur die reifen, roten Beeren. Denn das sind die besten. Auf den großen Haziendas müssen die Arbeiter schnell sein. Alle Kaffeekirschen werden auf einmal gepflückt, egal wie hart oder weich, rot oder grün, reif oder unreif sie sind. Manchmal streifen sogar Maschinen alles

* Spanisch: kleiner Bauernhof

Don Juan ist der Gründer dieser Kaffeefinca.

auf einmal von den Zweigen: Früchte, Blätter, Stängel. Welcher Kaffee schmeckt wohl besser?

Die rote Kaffeekirsche schmeckt säuerlich-süß. Aber die beiden Kaffeebohnen sitzen im Inneren der Frucht. Die Kaffeekirschen werden daher in einer Art Trommel gequetscht und anschließend mehrere Tage in Wasser gelegt, bis das Fruchtfleisch verrottet ist. Dann werden die Bohnen in der Sonne getrocknet und dabei immer wieder mit Harken gewendet.

Noch einmal werden sie geschält und sehen jetzt blass-beigegrün aus. Ihre typische Farbe bekommen sie erst, wenn sie geröstet werden: je länger, desto dunkler braun. Vorsicht! Wenn sie ein paar Sekunden zu lange rösten, schmecken sie nur noch nach Holzkohle! Die Bohnen werden erst geröstet, kurz bevor der Kaffee getrunken wird. Die größten Kaffeeröstereien Deutschlands stehen in Bremen und Hamburg, wo der Kaffee in den Häfen angelandet und gelöscht wird.

Der costa-ricanische Kaffee war und ist besonders gut. Da die Kaffee-anbaugebiete mehr als tausend Meter über dem Meeresspiegel liegen, kann die aromatischere Sorte «Arabica» angebaut werden. Weil die Temperatur das ganze Jahr über gleichmäßig zwischen achtzehn und vierundzwanzig Grad Celsius beträgt und weil außerdem die vulkanischen Böden die richtigen Mineralien enthalten, gedeihen die Kaffee-sträucher prächtig.

Mit dem Kaffeanbau wurden aus den kleinen Fincas, die nur für den eigenen Verzehr anbauten, kleinere oder größere Kaffee-Haziendas. Manche der Kaffeebauern wurden zu «Kaffeebaronen», die viele Arbeiter für den Anbau, die Ernte und die Aufbereitung des Kaffees anstellten.

Die Kaffeebohnen wurden, wenn sie fertig zu grünem Rohkaffee aufbereitet waren, in grobe Jutesäcke verpackt und auf Maultieren zu dem einzigen Hafen des Landes, Puntarenas, transportiert. Das war für den Export nach Europa sehr umständlich, denn Puntarenas lag auf der pazifischen Seite des Landes. Die Schiffe nach Europa mussten die monatelange Fahrt um das höchst gefährliche, immer sturmumtobte Kap Hoorn, die südlichste Spitze Südamerikas, herum machen. Erst 1914 wurde der Panamakanal eröffnet, der den Seeweg nach Europa stark verkürzte und vereinfachte.

So beschloss die costa-ricanische Regierung bereits im Jahr 1867, einen Hafen auf der atlantischen, Europa zugewandten Seite des Landes zu bauen. Puerto Limón entstand genau an der Stelle, an der einst Kolumbus gelandet war. Um den Hafen schneller zu erreichen, baute man außerdem eine Eisenbahnlinie von San José im Hochtal direkt zu den neuen Hafenanlagen.

Auf diesem Weg wurde der Kaffee schnell und sicher nach Europa transportiert. Und die Kaffeebauern verdienten gut. Sie hatten alles, was man kaufen konnte. Doch sie sehnten sich nach etwas, was

Die geschälten, ungerösteten Kaffeebohnen sind blass und beige, erst nach dem Rösten bekommen sie ihre typische schokoladenbraune Farbe.

sie nicht kaufen konnten: nach europäischer Kultur. Die reichsten Kaffeebarone legten daher zusammen und stifteten der Hauptstadt San José ein eigenes Nationaltheater.

Es ist ein hübsches Gebäude geworden, eine verkleinerte, zierliche Ausgabe der großen Oper in Paris mit einer Statue von Ludwig van Beethoven davor. Jetzt war Costa Rica nicht mehr abgeschieden von der übrigen Welt. Jetzt konnten – dank des Kaffees, der in alle Welt hinausging – Kultur und Künstler aus Europa nach Costa Rica hereinkommen.

Kaffee gehört heute noch – zusammen mit Zuckerrohr – zu den wichtigsten Anbauprodukten des zentralen Hochtals. Inzwischen verdienen die Menschen aber auch Geld mit Industrie, etwa mit der Herstellung von Computerchips und Medikamenten. Das Hochtal im

Das Nationaltheater in San José wurde von reichen Kaffeebaronen gestiftet.

Zentrum Costa Ricas ist heute mit mehreren, ineinander übergehenden Städten dicht besiedelt, und es ist der wirtschaftlich wichtigste Teil des Landes.

Regenwälder und Plantagen

Gold und Tiere

Der größte Schatz Costa Ricas liegt heute in San José, zwei Stockwerke unter der Staatsbank – äußerst gut gesichert hinter meterdickem Stahlbeton und vierzig Zentimeter dicken Panzertüren aus Spezialstahl. Es sind die Goldfiguren, die die Indios vor den Spaniern retten konnten. Die meisten waren eingeschmolzen worden. Nur einige wenige konnten damals gerettet werden – immerhin so viele, dass sie in mehreren unterirdischen Ausstellungsräumen der Staatsbank gezeigt werden.

Es sind Darstellungen von Tieren, die im Regenwald Costa Ricas leben: Tapire, Gürteltiere, Jaguarc, Krokodile, Skorpione, Spinnen und Affen. Besonders häufig dargestellt sind die riesigen Harpyie-Adler, die größten Adler, die stets mit ausgebreiteten Flügeln und vorgereckten Füßen dargestellt sind, als stürzten sie sich gerade aus dem Kronendach des Waldes auf ihre Beute. Ebenso zahlreich sind Frösche dargestellt. Aus dem Mund der Frösche quellen wellenartige Zungen heraus, als strömten sie etwas ganz Spezielles aus.

Nun, wer die Frösche des Regenwaldes kennt, weiß, dass diese kleinen Amphibien zwar keine Krallen oder Zähne haben und ganz und gar schutz- und hilflos aussehen, dass sie jedoch in ihrer Haut eine extrem starkes Gift bilden, das ausreicht, um mehrere Menschen zu töten.

Auf Fotos sehen diese Frösche leuchtend farbig und auffällig aus: rot mit blauen Beinen oder schwarz mit grünen Flecken. In Wirklichkeit sind sie winzig klein, manchmal nur daumennagelgroß. Sie leben ver-

Ein quietschgrüner Pfeilgiftfrosch

steckt zwischen Blättern, etwa von Bromelien*, die weit oben auf den Regenwaldbäumen wachsen. Die Indios brauchten sehr gute Kenntnisse, um diese Fröschlein zu finden. Denn sie fingen die Frösche, um aus ihrer Haut das Gift für die Pfeile ihrer Bögen und Blasrohre herzustellen. Dies ist eine Aufgabe, die genaueste Kenntnisse und Geschick braucht, wenn man sich nicht selber vergiften will.

Die Goldfiguren von Fröschen und anderen Tieren trugen die Schamanen, die Heilkundigen, an einer Kette um den Hals, wenn sie tanzten. Dabei verloren sie ihr normales Bewusstsein und versetzten sich in Rausch und Trance. Bei diesen Trancezuständen gerieten sie in einen Zustand, den sie «die Welt ihrer Vorfahren» nannten. Da heraus entschieden sie dann wichtige Fragen der Gemeinschaft, etwa

* Bromelien: siehe das Kapitel «Die Nebelwälder von Monteverde», S. 56

Dieser Pfeilgiftfrosch besteht aus massivem Gold.

wohin sie auf ihrer Wanderung durch den Regenwald ziehen sollten. Vielleicht fanden die Schamanen auf diese Weise auch heraus, wie sie aus den Fröschen das Gift gewinnen konnten. Und umgekehrt nutzten sie vielleicht auch das Gift der Frösche, um sich selber in Trance zu versetzen.

Die Goldfiguren sollten den Schamanen dabei helfen, sich in solche anderen Bewusstseinszustände zu versetzen. Sie sind also nicht einfach Abbilder der jeweiligen Tiere, sind nicht eine Art Foto, sondern eine Möglichkeit, zu den besonderen Kräften dieser Tiere eine Verbindung zu schaffen. Anders gesagt: die Schamanen nahmen Kontakt auf mit den Geistern oder den Göttern dieser Tiere.

Denn der Regenwald ist ja kein Zoo. Hier sitzen nicht bequem anschaubare Tiere von soundso viel Zentimeter Länge und Breite und derundder Farbe unbeweglich in ihren Käfigen. Im Regenwald hat man keinen Überblick. Nie kann man weit schauen. Es ist schattig und dunkel, und die Gebüsche sind dicht verwachsen. Selbst nach oben, von wo das Geschrei der Affen und Papageien ertönt, kann man nicht schauen. Die unterste Blattschicht verdeckt die Sicht auf die nächste und übernächste.

Auch kann man nur sehr schlecht aufmerksam hören, da es im Wald sehr laut ist. Die Zikaden schrillen grell und ohrenbetäubend laut wie Kreissägen. Die größeren Bäche und Flüsse stürzen rauschend bergab. Morgens erheben die Brüllaffen ihre mächtigen Stimmen. Ihre Rufe sind kilometerweit zu hören. Sie klingen mehr nach dem Brüllen von Löwen (die es hier nicht gibt) oder Jaguaren (die es sehr wohl, aber nur selten gibt). Die glänzend schwarzen Stirnvögel mit dem schokoladenbraunen Rücken und den gelben Schwanzfedern kreischen und pfeifen ebenfalls in voller Lautstärke, wenn sie aus ihren fast meterlangen Nestern herauskommen. Dreißig bis fünfzig Nester hängen dicht nebeneinander in einem Baum. Da gibt es immer Streit und lautstarke Auseinandersetzungen.

Laut, dunkel und unübersichtlich ist es im Regenwald. Ein Tier taucht also nicht gut und bereits auf weite Entfernung sichtbar auf, sondern plötzlich und unvorhergesehen. Ein plötzliches Aufblitzen von Himmelsblau, aber metallischer und glänzender – das war der Flügelschlag eines großen Morphoschmetterlings. Mit dem nächsten halben Flügelschlag ist er schon wieder verschwunden, um gleich darauf ein paar Meter weiter wieder aufzublitzen. Nie sieht man einen ganzen Schmetterling irgendwo in Ruhe mit ausgebreiteten Flügeln sitzen, sondern immer nur dieses bruchstückhafte Aufblitzen.

Ein scharfes «Psiih-psiih», dem plötzlich ein aggressives «Grrooaahhh» folgt? Keine Angst, das ist der Halskragen-Aracari, ein grell gelb-rot-schwarz gefärbter Tukan mit seinem riesigen Tukan-

Die Affen haben dich schon lange entdeckt.

Der Halskragen-Aracari mit seinem gewaltigen Schnabel ist keck, aber ungefährlich.

schnabel, auf dem gefährlich aussehende «Zähne» aufgezeichnet scheinen. Er sieht aber gefährlicher aus, als er ist, frisst er doch hauptsächlich Bananen und Sämereien.

Ein tiefes, bassartiges «Wummm-wummm» wie aus dem Basslautsprecher einer Diskothek? Ebenfalls ungefährlich, denn das ist der Lockruf des Großen Hokko, eines fast metergroßen Vogels, der mit einem schwarzen Lockenkranz aus Federn bekrönt ist. Das schwarze, gelbschnabelige Männchen sucht mit diesem Lockruf das braun gefiederte Weibchen.

Ein Krachen und Brechen von Ästen direkt über dir in den Bäumen? Die Brüllaffen werfen gerne mit größeren Ästen, wenn du ihnen zu nahe kommst. Außerdem solltest du nie direkt unter einem Brüllaffen stehen. Die beige-braunen, halb zerplatzten, scharf nach Raubtier riechenden Klöpse am Boden zeigen, warum!

Gut ist es daher, auch auf die Gerüche zu achten. Ein moderig-muffiger Duft geht von großen, weißlichen oder grünlichen Blüten aus, die nachts von Fledermäusen besucht und bestäubt werden. Ein süßlicher, erfrischender Duft strömt von hellen, auffälligen Blüten aus, die man trotzdem nur selten sieht, weil sie weit oben am Baum blühen. Dorthin kommen die großen, schwarz-blauen oder schwarz-roten Schmetterlinge, die man ebenfalls meist nicht sieht. Doch wenn es alkoholisch-vergoren nach faulenden, herabgefallenen Früchten riecht, lohnt es sich, genauer hinzuschauen. Vielleicht saugt gerade ein grasgrün gefleckter Pracht-Passionsfalter daran. Er lässt sich dann durch nichts stören, saugt alkoholberauscht bis zum letzten Tropfen, um anschließend zur nächsten verrottenden Frucht zu torkeln.

Ein brutaler Schlag von zweihundert Kilogramm Muskelmasse in deinem Nacken? Nein, wie sich das anfühlt, konnte niemand mehr berichten. Denn das war der Jaguar (oder sein kleiner Vetter, der Puma), der nachts auf Baumästen lauert. Mit einem kraftvollen Sprung reißt er ein Pekari*, ein Paca** oder ein Agouti*** nieder.

Der Jaguar ist der Schrecken aller Regenwaldbewohner. Um seinen Geist zu besänftigen und friedlich zu stimmen, muss man alle Regeln des Regenwaldes einhalten. Diesen mächtigsten aller Geister zu beschwichtigen, war eine der wichtigsten Aufgaben der Schamanen. Natürlich gab es dafür goldene Jaguarstatuen – meist mit aufgerissenem Maul, manche mit einem kleinen Menschlein quer darin!

Nachdem Kolumbus und die spanischen Siedler die meisten Indios umgebracht und ihre Goldfiguren eingeschmolzen und nach Spanien verschifft hatten, zogen sich diese tiefer in die Wälder zurück. Ihre goldenen Figuren verwendeten sie immer seltener. Heute tragen die Kazíken, die Häuptlinge der Indios, keine Goldfiguren mehr.

Doch es kam noch schlimmer.

Bananen

In den 1930er-Jahren erhielten US-amerikanische Firmen vom costaricanischen Staat das Recht, riesige Flächen des Regenwaldes vollständig zu roden, um dort Bananen anzupflanzen. Den Regenwald zu roden, war eine gewaltige, fast unmenschliche Aufgabe, da es dafür noch keine Maschinen gab. Diese Rodearbeit machten die Amerikaner allerdings nicht selber. Auch von den spanischen Siedlern wollte sie kei-

---

*   Pekári: eine Wildschweinart
** Paca: Wasserschwein, mit den Meerschweinchen verwandt, aber so groß wie ein Schäferhund
*** Agouti: Agoutis sehen aus wie kleine Hasen mit glattem, mittelbraunem Fell.

ner machen. Stattdessen holten die Firmen chinesische Auswanderer und afrikanische Arbeiter von den karibischen Inseln nach Costa Rica, die Nachfahren ehemaliger Sklaven. Für sie war der Regenwald keine wohlbekannte und vertraute Heimat, sondern eine heiße, schwüle und gefährliche Hölle voller Schlangen, Skorpione, Moskitos und unbekannter Krankheiten.

Zuerst mussten sie in dem sumpfigen, von dicken Baumwurzeln durchzogenen Waldboden Gräben und Kanäle anlegen, damit das überschüssige Wasser der heftigen Regengüsse ablaufen konnte und die Sümpfe austrockneten. Die Arbeiter – sie hießen «Schaufeler» – mussten mit einem Schaufelwurf die Erde aus dem Graben herauswerfen. Doch diese Kanäle waren bis zu vier Meter tief. Welch eine Kraft war dazu nötig! Wenn sie einen ganzen Kubikmeter Erde herausgeschaufelt hatten, bekamen sie als Lohn dafür 95 Cent.

Als Nächstes schlugen die Arbeiter alle Sträucher und Büsche heraus und ließen nur die großen Bäume stehen. Auch dafür gab es keine Maschinen, sondern nur Äxte und Macheten. Es war eine gefährliche Arbeit, da sie viele giftige Schlangen aus dem Unterholz aufscheuchten.

Dann pflanzten die Arbeiter im Wald die Bananenschösslinge, immer schön in geraden Reihen, alle vier Meter einen Schössling. Erst wenn dies alles geschafft war, wurden die Bäume gefällt. Die Baumfäller waren oft erst sechzehn oder siebzehn Jahre alt. Sie lebten während dieser Zeit im Wald und durften nur alle vier Wochen für ein paar Tage nach Hause. Als Erstes bauten sie sich ein Dach aus dem Holz der gefällten Bäume, um sich vor den heftigen Regengüssen zu schützen. Dabei bauten sie keine Wände, damit sie den kühl hindurchwehenden Wind nicht aussperrten. Sie konnten nicht auf dem Boden oder gar in Betten schlafen. Dafür gab es zu viele Skorpione und Schlangen. Außerdem ist es nachts dafür viel zu heiß. Stattdessen spannten sie ihre Hängematten auf. So kühlte sie die Luft auch nachts am Rücken. Morgens um sechs

Uhr begann die Arbeit. Mittags gab es nur eine kurze Pause. Manchmal arbeiteten vier Mann einen ganzen langen Tag, um einen einzigen der Baumriesen zu fällen. Wenn nachmittags um vier oder halb fünf die Arbeit beendet war, mussten sie auf die Jagd gehen, um ein Pekari oder ein Agouti zu erlegen oder einen Grünen Leguan* zu fangen und anschließend zu braten. Das waren ihre einzigen Mahlzeiten. Später gab es im Wald nicht mehr genügend wilde Tiere. Deshalb pflanzten die Bananenfirmen Brotfruchtbäume, die ursprünglich aus der Südsee stammten. Die Brotfruchtbäume tragen kopfgroße, schmackhafte und sättigende Früchte, von denen sich dann die Arbeiter ernährten.

Freizeit gab es nicht. Denn ab fünf Uhr nachmittags wurden sie von Moskitos in solch dichten Schwärmen überfallen, dass sie sich in ihre Hängematten und unter die Moskitonetze flüchten mussten. Dort schliefen sie wegen der harten körperlichen Arbeit sofort ein.

Die gefällten Baumriesen fielen kreuz und quer und lagen dann unentwirrbar ineinander verhakt und verkeilt. Die Fällarbeiter mussten darauf achten, dass sie sich nicht selber den Rückweg mit gefällten Bäumen versperrten.

Nachdem alle Bäume gefällt waren, war die Arbeit erst einmal beendet. Doch warum haben sie es sich so umständlich gemacht? Warum haben sie nicht erst die Bäume gefällt und dann die Bananen gepflanzt, wie man es bei uns machen würde? Nun, nachdem die Bäume gefällt waren, lagen sie kreuz und quer und mehrere Meter übereinander getürmt. Niemand hätte dann noch eine gerade Linie sehen und die Schösslinge in geraden Reihen pflanzen können.

In den folgenden Jahren verrotteten die Äste und Zweige der Bäume. Damit gaben sie allmählich ihre Nährstoffe frei, die die Bananenschöss-

---

* Grüne Leguane sind mit Eidechsen und Krokodilen verwandt. Sie sehen aus wie Miniaturdrachen (siehe Foto auf S. 43), werden über einen Meter lang und tragen einen Zackenkamm auf dem Rücken.

linge sofort aufnahmen. Denn jetzt hatten sie genügend Licht zum Wachsen. Die Bananen wurden also anfangs ganz natürlich gedüngt. Die großen Stämme blieben oft jahrzehntelang liegen und düngten die Bananen auch dann noch.

Plantagen

Von nun an gab es hier anstelle des üppigen Regenwaldes mit seinen verschiedenen Baum- und Straucharten, seinen Orchideen, Bromelien, Vögeln und Insekten nur noch eine einzige Art: die Bananensorte «Gros Michel».

In einer Bananenplantage darf und kann nichts anderes leben. Kein Vogel darf hier singen, kein Schmetterling fliegen. Alles, was lebt, wird vernichtet – außer den Bananen. Denn die Insektenraupen könnten an den Bananen fressen. Die noch ganz kleinen, grünen Bananenfruchtstände mit ihren sechzig bis achtzig Bananen werden bereits an der Bananenstaude in feste, luftdurchlässige Plastiksäcke verpackt, in denen sie weiterwachsen, wo aber keine Fledermaus und kein Tukan etwas abbeißen könnten.

Große Flächen, auf denen nur eine einzige Pflanzenart wächst, gibt es auf der ganzen Welt natürlicherweise nur ganz selten, in den heißen Tropen aber nie. Immer wandern auch andere Pflanzen mit ein, oder es kommen Krankheiten, die diese Pflanzen schwächen oder absterben lassen. So war es auch mit den Bananenplantagen. Ende der 1950er-Jahre erschien eine Pilzkrankheit, die die Stauden welken und die Früchte verfaulen ließ. Sofort waren alle Bananenpflanzen krank. Keine einzige Frucht konnte geerntet werden.

Nun mussten die Bananenarbeiter blaue Kupfersulfatlösung auf alle Bananenblätter spritzen. Da die Sorte «Gros Michel» fünf bis sechs

Die Bananenplantage erstreckt sich über die ganze Ebene –
weit über das Bild hinaus.

Meter hoch wächst und wirklich alle Blätter von oben und von unten erreicht werden mussten, brauchten sie eine starke Pumpe mit viel Druck und dicke Schläuche. Ein Mann musste jeweils den Schlauch halten, der andere den Strahl richten und zielen. Da sie immer nach oben spritzen mussten, wurden sie selber dabei von der blauen Lösung blau eingesprüht. Alle drei Wochen mussten sie diese Spritzung wiederholen. Hunderte von Arbeiter sprühten das ganze Jahr über, Tag für Tag. Nach einigen Wochen bereits ging die blaue Farbe nicht mehr von der Haut ab. Die Arbeiter wurden deshalb als «blaue Papageien» verspottet. Viele Arbeiter wurden allerdings lungenkrank, da sie die Nebelschwaden der Kupfersulfatlösung täglich einatmeten.

Heute sprüht man andere Gifte gegen diese Pilze – vom Flugzeug aus. So groß sind heute die Bananenplantagen. Die Arbeiter, die die

Bananen ernten, atmen jedoch auch diese unangenehm riechenden Gifte ständig ein und werden krank davon. Im Jahre 2011 erklärte sich die US-amerikanische Firma Dôle bereit, fünftausend ehemaligen Bananenarbeitern eine Entschädigung für die aufgetretenen Krankheiten, wie Sterilität und Zeugungsunfähigkeit, zu bezahlen. Weitere dreizehntausend Arbeiter warten noch immer auf eine solche Entschädigung.

Bananenexport

Der ganze Bananenfruchtstand wird mit der Machete abgeschlagen, sobald die Bananen groß genug, aber noch grün und unreif sind. Bereits auf den Plantagen werden sie in Kartons und diese in große Container verpackt und mit Containerlastwagen zum Hafen nach Puerto Limón gefahren. Doch ein Erdbeben hob im Jahre 1991 die Korallenbänke vor dem Hafen um anderthalb Meter an. Die großen Containerschiffe konnten nicht mehr in den Hafen einlaufen.

Ein neuer Hafen wurde zehn Kilometer entfernt gebaut. Heute können vier Bananencontainerschiffe gleichzeitig beladen werden. Die beiden großen US-amerikanischen Firmen Chiquita und Dôle haben nicht nur eigene Container und Lastwagen, sondern auch eigene Schiffe, die die Bananen nach Nordamerika, Japan und Europa bringen. In Hamburg kommen jeden Monat fast viertausend große Container mit Bananen an.

Die Bananen werden in Europa zu einem guten Preis verkauft. Die Bananenfirmen machen sehr guten Gewinn, der allerdings hauptsächlich in die USA geht. Die Bananenarbeiter haben ganz wenig davon. Sie verdienen vier bis fünf Euro am Tag für ihre schwere Arbeit. Trotzdem sind die Bananen für das Land sehr wichtig. Sie sind, zusammen

Hier werden die Kochbananen aus Booten des Talamancatales in Lastwagen umgeladen.

mit Ananas und Datteln, die wichtigsten Anbaufrüchte in der Regenwaldregion. Sie bringen ein bisschen Wohlstand und Zufriedenheit nach Costa Rica.

Die Indios heute

Doch ein Gebiet gibt es, in das die amerikanischen Bananenfirmen nicht mehr eindringen dürfen. Nicht einmal den spanischen Eroberern gelang es, diese Region zu betreten. Es sind die Gebirgszüge der Kordillere von Talamánca, ganz im äußersten Südosten Costa Ricas, die bis an die Atlantikküste heranreichen. Im Jahre 1910 jedoch begann die US-amerikanische Bananengesellschaft «United Fruit Company», Straßen in das Talamanca-Gebiet zu bauen. Die Bribri* erzählen heute noch: «Die Indios protestierten bei der costa-ricanischen Regierung dagegen, doch die United Fruit Company baute einfach weiter. Sie brannten die Häuser und Felder der Indios nieder und pflanzten überall Bananen. Und sie töteten Antonio Saldana, den Häuptling der Salkwah, der den Kampf gegen die Company anführte. Sie bauten ihre Pflanzungen immer weiter aus, bauten Brücken über den Fluss für ihre Eisenbahn, die die Bananen hinausfahren sollte. Die Bribri und die Cabécares mussten in die Berge fliehen und ihre Häuser am Fluss verlassen.

Schließlich sandten die Indios einen Boten an den Schamanen in Karpáspa. Der Schamane ordnete ein strenges Fasten für alle Bribri für einen Monat an, und alle hielten sich daran. Der Schamane ließ die Flüsse überschwemmen. Die große Überschwemmung zerstörte alle Brücken, die Bahngleise und das Lager der Company. Das Talamancatal war für Wochen wie ein Ozean. Und die Company musste ihre Pflanzung aufgeben.

Wenige Jahre später begann die United Fruit wieder Bananen zu

---

* Es gibt neun verschiedene Stämme in Costa Rica; die Bribri; die Cabécares und die Keköldi leben in der Region Talamánca.

Der Anbau von Biobananen ermöglicht den Bribri ein gutes Leben in bequemen Häusern.

pflanzen. Der Schamane ordnete wieder ein Fasten für einen Monat an, und alle hielten sich daran. Der Schamane ließ eine Pflanzenkrankheit in der Bananenpflanzung entstehen. Die United Fruit Company war ruiniert und verließ die Talamanca-Region für immer.»*

Nach diesen harten Kämpfen mit den Bananenfirmen leben die Bribri und die Keköldi heute ungestört und so, wie es ihnen selber richtig erscheint. Denn die Talamánca ist seit 1976 ein Schutzgebiet, das nur den Indios zusteht, in dem niemand außer ihnen jagen, Bäume fällen oder Land besetzen kann.

Wie leben die Bribri und die Keköldi heute? Für sie ist der Regenwald ihre Heimat, ihr Schutz, der ihnen alles gibt, was sie brauchen.

* Nach: P. Palmer, J. Sánchez, G. Mayorga: *Taking care of Sibö's gift*. San José, 1993. Übers.: J.B.

Wo die Blattschneideameisen leben, plündern sie alle Blätter.

Hören wir dazu die Bribri noch einmal selber: «Wir einheimischen Menschen sind im Regenwald zuhause. Für uns ist der Wald eine Gemeinschaft von Dingen und Wesen, die von Sibö* erschaffen wurden und die alle untereinander praktisch und spirituell verbunden sind. Für die spanischen Campesinos** ist es ein Fortschritt, wenn sie den Wald vernichten und etwas auf dem freigewordenen Land anbauen. Der Wald selber ist für sie nicht produktiv, wie er es für uns ist. Es gibt einen großen Unterschied zwischen Weißen und Indios. Der Ursprung der Weißen ist die Königin der Blattschneideameisen. Schau dir nur die Blattschneideameisen an, wie sie alle zusammen arbeiten und all das Land um ihr Nest herum aufräumen und säubern. Wo sie leben, ist die

* Sibö (sprich: Schíbö) ist der Name der Bribri für Gott.
** Campesinos (spanisch): Bauern und Landarbeiter

Links: Die getrockneten Kakaobohnen werden kleingemahlen.
Rechts: Aus den Samen der Achiote-Frucht wird rote Farbe gewonnen.

Vegetation verschwunden, weil sie auch noch das letzte Blatt abschneiden und mit in ihr großes Nest nehmen.* So ist der weiße Mann. Er arbeitet sehr hart, aber er zerstört die Natur. Er fällt alle Bäume, um große Städte zu bauen, und wo er lebt, gibt es keine Vegetation mehr, keine Bäume, keine Flüsse, keine Tiere. Er zerstört alles auf seinem Weg.

Demgegenüber arbeiten wir Indios nicht so hart. Wir pflanzen Mais, züchten Tiere und leben im Wald. Wir mögen es, Pflanzen, Tiere, Vögel und Flüsse um uns zu sehen. Wir mögen es gar nicht, wenn die Natur zerstört wird. Wir leben gerne in der Natur.»

---

* Blattschneideameisen zerschneiden die Blätter aller Bäume, transportieren sie in ihr Nest, infizieren sie mit den Sporen von Pilzen und ernähren sich von diesen Pilzen. Ein Ameisenvolk kann einen Baum in zwei Tagen völlig kahl fressen. Um den Nesteingang von Blattschneideameisen wächst nichts mehr.

Erwachsene Leguane sehen aus wie kleine Dinosaurier.

Heute können die Bribri nicht mehr von der Jagd leben, da ihr Reservat zu klein ist und zu viele Tiere bereits ausgestorben sind. Auch die Bribri bauen deshalb Bananen an, außerdem die weniger süßen Kochbananen, Kakaobäume sowie Achiote*, einen Strauch, aus dessen Samen sie rote Farbe für Lebensmittel und Kosmetik gewinnen.

Doch muss man den Wald zerstören, um Bananen anzubauen? Nein, die Bribri zerstören ihn nicht. Sie schaffen innerhalb des Waldes kleine Lichtungen und pflanzen dort Kakaobäume und Bananenstauden unter den großen Waldbäumen. Solch eine Pflanzung sieht aus wie ein richtiger Regenwald, nur dass andere Sträucher dort wachsen. Und weil viele verschiedene Pflanzenarten dort wachsen, benötigen die Bribri kein Gift! Sie brauchen nicht einmal künstlichen Dünger. Denn

* Sprich: Atschóte

Trotz seiner bunten Farben ist dieser Tukan in den Baumkronen nur schwer zu entdecken.

sie verwenden Kompost und pflanzen zwischen die Bananen Bäume, die selber Dünger aus der Luft herstellen und an den Boden abgeben. So düngt sich die Pflanzung selber. Einen Teil der Bananen und des Kakaos essen und trinken die Bribri selber, den anderen Teil verkaufen sie als biologisch angebaute Produkte nach Europa.

Die Bribri pflegen auch den Wald. Sie sammeln Baumsamen, säen ihn in Baumschulen aus und pflanzen später die kleinen Bäume wieder in den Wald: etwa die Geonomapalme, deren Blätter sie benutzen, um ihre Häuser zu decken, oder den Chinarindenbaum, dessen Rinde eine gute Medizin gegen Malaria* ist. Außerdem pflanzen sie Bäume, deren Früchte die Leguane, die Pacas, Agoutis, die Tukane oder Affen gerne mögen.

---

* Malaria ist eine schwere Krankheit, die wie eine Grippe beginnt, mit Schnupfen und Fieber. Sie kann harmlos bleiben, wenn ein Arzt sie rechtzeitig behandelt. Unbehandelt endet sie oft schon nach wenigen Tagen tödlich. Malaria wird durch stechende Mücken übertragen.

Die früher so häufigen Grünen Leguane waren selten geworden, weil ihr Fleisch zart und schmackhaft ist und sie deshalb viel gejagt wurden. Die Bribri sammelten deshalb einige Leguane ein, bauten ein großes Gehege unter freiem Himmel für sie und fütterten sie. Wenn die Weibchen ihre Eier im Sand verscharrt hatten, holten die Bribri sie wieder hervor und ließen sie in einem geschützten Gehege von der Sonne ausbrüten. Die frisch geschlüpften, quietschgrünen kleinen Leguane wären eine leichte Beute für Schlangen und Greifvögel. Aber im Gehege sind sie sicher. Erst wenn sie groß genug sind, um sich wehren zu können, setzen die Bribri sie wieder im Wald aus. Bisher haben sie 36.000 Leguane wieder in die Wälder entlassen, manche haben sie auch an die Bewohner anderer Wälder verschenkt, selbst bis nach Panama.

Die Bribri wandeln den Regenwald also so um, dass die schönen, großen Waldbäume erhalten bleiben und dass die Tiere des Waldes weiterhin darin leben können, aber auch so, dass sie selber gut darin leben und gerne darin leben. Den amerikanischen Bananenfirmen hingegen ist es ganz egal, wie ihre Bananenpflanzungen aussehen. Ihre Eigentümer und Chefs leben ja nicht dort, sondern einige tausend Kilometer weit entfernt in Boston, Ohio oder Los Angeles. Sie sind nur daran interessiert, dass ihre Pflanzungen Profit erbringen.

Wie wollen wir, dass die Welt in Zukunft aussieht? Wie die begifteten Bananenplantagen der großen Firmen oder wie der lebensvolle Regenwald der Bribri? Jeder entscheidet darüber mit. Denn jeder Euro, den wir in Europa für Bananen oder Kakao ausgeben, unterstützt entweder die Plantagen oder den Regenwald. Jeder kann sich entscheiden!

Die Westküste

Der tropische Regenwald wächst nicht ohne sehr viel Regen. In Puerto Limón sind es etwa dreitausend Millimeter Regen im Jahr. Das ist viermal so viel wie im auch schon regenreichen Hamburg. Der Regen kommt mit den Passatwinden aus dem Osten, vom warmen Atlantischen Ozean. Dort haben die Winde viel Feuchtigkeit aufgesogen. Wenn diese feuchten Winde auf das Festland treffen und besonders wenn sie an den Gebirgen hinauf wehen, kühlen sie ab und regnen aus. Jenseits der Gebirge fließt die ausgeregnete Luft wieder nach unten und erwärmt sich. Es sind nun trockene, warme Winde, die die Westküste Costa Ricas erreichen. Sie bringen zwar immer noch die doppelte Menge von Hamburgs Regen. Aber da die Sonne hier in den Tropen viel intensiver scheint und da es auch keinen Winter gibt, brauchen die Pflanzen auch viel mehr Wasser als bei uns.

Im äußersten Nordwesten Costa Ricas, in der Provinz Guanacaste, regnet es dabei zwei Monate lang überhaupt nicht. Bäume und Sträucher werfen ihre Blätter ab wie bei uns im Herbst. Dann kracht es unter jedem Schritt wie hartes Plastik und zerkrümelt unter den Füßen. Jeder Fußgänger, jeder Reiter und jedes Auto wirbelt den Staub von den grauen Schotterstraßen auf – weißgrauer Pulverstaub senkt sich wie ein trüber Vorhang über Bäume, Straßen und Häuser, dringt unter die Kleidung und brennt in den Augen. Es sieht ein bisschen aus wie im trockenen Mexiko.

Ohne Regen wächst kein Regenwald. Der Wald, der hier wächst, ist ein Trockenwald. Seine Bäume sind viel niedriger als im Regenwald, ihr Wuchs ist oft knorrig oder krüppelig, die Rinde rissig. Viele Bäume wappnen sich mit Stacheln und Dornen. Die Luft klingt schrill

Der neugierige Elsternhäher kommt ganz nahe heran.

von Zikaden. Die neugierigen blau-weißen Elsternhäher mit ihrem vorwitzigen Federschopf hopsen laut rätschend und krächzend durch die kahlen, trockenen Äste immer näher heran, um zu sehen, was der fremde Eindringling dort tut.

Hier könnte niemand so leben wie im Regenwald, vor allem nicht während der Trockenzeit. Wie die Indios hier gelebt haben, wissen wir nicht. Offenbar sind sie schon früh und schnell vertrieben oder umgebracht worden. Aber dass sie hier gelebt haben, ist sicher. Denn sie haben unvergängliche und weltweit einmalige Spuren hinterlassen. An etlichen Stellen im Land liegen große Kugeln aus massivem Stein, oft aus Granit, dem härtesten Stein, der sehr schwer zu bearbeiten ist. Diese Kugeln sind perfekt rund und haben eine sorgfältig geglättete Oberfläche. Manche sind nur zwei Handspannen groß, viele über einen

Niemand weiß, wer die großen Steinkugeln gefertigt hat, die heute an den Ecken dieses Sportplatzes liegen.

Meter, die größte misst über zwei Meter im Durchmesser und wiegt fast vierzig Tonnen, so schwer, dass ein Sattelschlepper sie nicht transportieren könnte. Manchmal liegen die Steinkugeln einzeln, manchmal zu mehreren zusammen. Manche Kugeln sind über viele Kilometer hierher gerollt worden, denn ihr Gestein gibt es an ihren jetzigen Lageorten gar nicht.

Welchen Sinn haben diese Kugeln? Warum machte sich jemand monatelange, schwere und harte Arbeit, um diese Kugeln zu bearbeiten? Die Archäologen rätseln und finden keine Antwort. Manche Menschen behaupten, die Indios wüssten mehr über die Steinkugeln. Doch diese schweigen und behaupten, sie wüssten nichts. Vielleicht wollen sie nur nichts erzählen. Die Indios haben schlechte Erfahrungen mit den spanischen Einwanderern und den Wissenschaftlern gemacht. Ihre

Kultur ist zerstört und verspottet, ihre Sprachen sind über Jahrhunderte verboten worden. Warum sollten sie etwas erzählen, was ihren Vorfahren offenbar so wichtig gewesen ist? Um sich wieder verspotten zu lassen? Da ist es vielleicht besser, gar nichts zu sagen!

Die Cowboys

Nach Guanacaste wanderten Menschen aus den trockenen, dürren Gebieten nördlich von Costa Rica ein, besonders aus Nicaragua. Es waren Menschen mit spanischstämmigen und Indio-Eltern, die man Mestizen nennt. Sie kannten das Leben in solch trockenen Gebieten und wussten, dass es hier viel zu trocken ist, um etwa Bananen oder Kakao anzubauen. Sie rodeten den Trockenwald. Das war sehr einfach, da sie die gefällten Stämme und Äste einfach anzündeten und verbrannten. So gewannen sie schnell große Flächen, die dann mit Gras zuwuchsen. Hier ließen sie Rinderherden weiden. Doch da das trockene Gras schnell abgeweidet war, mussten sie die Herden immer weiter auf jeweils neue, frische Flächen treiben. Wegen der immer größer werdenden Entfernungen war es unmöglich, die Kühe täglich zur Farm zu bringen und zu melken. Sie trieben die Rinderherden von einer Weide zur anderen und mussten mit ihnen reiten. Denn sie konnten die Rinder in der Wildnis nicht allein lassen. Das Treiben machten die Cowboys, die hier Sabanéros heißen (was im Spanischen auch so viel wie Raufbold heißt).

Die Sabanero-Cowboys waren oft wochenlang auf ihren Pferden mit den Rinderherden unterwegs. Damit sie mit ihren sporenbesetzten Cowboystiefeln nicht irgendwo im Gestrüpp hängen blieben und nicht aus dem Sattel gerissen wurden, steckten sie die Stiefel in lederüberzogene Steigbügel. Ein breitkrempiger Hut mit Kinnschnur schützte sie vor der grellen Tropensonne und den heftig platschenden Regengüssen, ein dickes, wollenes Hemd und lederne Handschuhe sowohl vor Hitze und Kälte als auch vor den stürmischen Winden. Sie mussten zerrissenes Zaumzeug nähen, Risse in der Kleidung flicken und Zäune reparieren können, also rundum praktisch sein. Sie mussten Hunger und Durst ertragen können, die Nächte nur in eine Decke gehüllt auf dem harten Boden neben ihren Tieren verbringen und ihre Herden vor den nachts umherschleichenden Pumas schützen.

Ihre Mahlzeiten kochten sie abends über dem Feuer in einem Aluminiumtopf. Diese waren sättigend und einfach: Reis mit schwarzen Bohnen, dazu kamen gebratene Kochbananen und manchmal ein Stück Fleisch. Die Sabaneros konnten keine wählerischen Feinschmecker sein! Reis mit schwarzen Bohnen, genannt «Gallo pinto» («bemalter Hahn»), ist auch heute noch das traditionelle Frühstück in Costa Rica.

Die Sabaneros fangen jedes neugeborene Kalb und brennen ihm ein Zeichen ein. Die erwachsenen Rinder impfen sie jedes Jahr. Dazu treiben sie alle Rinder in ein enges Gatter, in dem diese frei, aber nicht weit weg laufen können. Nun reitet der Cowboy etwa zehn Meter an das Rind heran, wirft mit einem großen Schwung das Lasso über die Hörner und zieht schnell zu. Dann zerrt und schleppt er das Rind mit dem Lasso an den nächsten Baum, was diesem natürlich gar nicht gefällt. Es sträubt sich, schnaubt und stemmt sich mit den Hufen in den Boden, sodass der Staub aufwirbelt. Schließlich zwingt es der Cowboy zu Boden und bindet es am Baum fest, damit das Rind den Kopf nicht mehr bewegen und nicht mehr mit den langen, spitzen Hörnern zustoßen kann. Jetzt ist es dem Cowboy möglich, vom Pferd aus die Spritzen in den Rinderrücken zu setzen. Dabei muss er sehr vorsichtig vorgehen, darf nie von vorne an das Rind herankommen, sondern muss

Alle Rinder müssen mit dem Lasso eingefangen und geimpft werden.

sich ihm immer schräg von hinten nähern, damit ihn selbst ein plötzlicher, unerwarteter Huftritt nicht trifft. Geschafft! Aber wie soll er nun das Lasso dem angestochenen und verängstigten Rind wieder von den Hörnern abnehmen? Es würde sofort losspringen – viel zu gefährlich! Doch noch bevor er die Spritze setzt, hat ein zweiter Cowboy dem fest angebundenen Rind eine geschickt geknotete Schlaufe um den Hals gelegt und damit das Rind ein zweites Mal am Baum festgebunden. Nach dem Impfen lockert der Erste das Lasso und nimmt es von den Hörnern. Der Zweite löst die zweite Schlaufe mit einem einzigen Ruck. Das Rind ist frei und springt auf und davon.

Mehrere Tage dauert es, bis alle Hunderte oder Tausende Rinder geimpft sind. Alle Cowboys sind dabei, und die ganze Familie hilft, wo sie kann. Autos und Anhänger bringen große Kannen mit Getränken,

Kaffee, Mittagessen und Sonnensegel. Hoffentlich geht alles gut und keiner fällt vom Pferd, wird getreten oder gar aufgespießt!

Wenn die Cowboys dann immer noch zu viel Kraft haben, gehen sie am Wochenende zum Rodeo. Ein besonders massiger und muskulöser, manchmal siebenhundert Kilogramm schwerer Stier wird in einer engen Box von oben mit spitzen Eisen angestachelt und gereizt. Je weniger er sich wehren kann, desto wütender wird er. Schließlich lässt sich ein Cowboy von einem über der Box befindlichen Gerüst auf seinen Rücken gleiten, und die Tür wird geöffnet. Der wutschnaubende Stier springt hinaus in die Arena, bockt, dreht sich im Kreis um sich selber und versucht mit all seiner gewaltigen Kraft, den unerwünschten Reiter in den Staub zu werfen. Der hält sich mit nur einer Hand am Knauf des Bauchgurtes fest und versucht, die wilden Stiersprünge durch seine eigenen Körperbewegungen auszugleichen. Je länger er sich auf dem Stierrücken hält, desto besser. Eine halbe Minute ist schon ein guter Erfolg! Sobald der Stier ihn abwirft, springen weitere junge Männer in die Arena und versuchen, das Tier abzulenken, damit es in seiner Wut nicht den am Boden liegenden Reiter zertrampelt. Nicht immer gelingt das!

Reis und Störche

Wenn Reis und schwarze Bohnen eine der Hauptmahlzeiten Guanacastes sind, woher kommen dann die Zutaten in einer so trockenen Landschaft? Reis braucht doch, um wachsen zu können, sehr viel Wasser und muss als Jungpflanze sogar im Schlamm stehen! Nun liegen die Gebirge Costa Ricas, in denen der Regen fällt, gar nicht so weit entfernt. Und das Wasser fließt von den Gebirgen schließlich auch

*Löffler, Waldstörche und Enten versammeln sich während der Trockenzeit
in den Sümpfen.*

durch die trockenen Ebenen. Meist allerdings hat es in dem lockeren
Vulkanboden viele Meter tiefe Schluchten ausgewaschen, sodass es
für die Wurzeln darüber unerreichbar ist. Nur an wenigen, flachen
Stellen überschwemmt ein Fluss die umliegenden Ebenen. Hier ent-
stehen riesige flache Tümpel, in denen es von Krebsen, Fröschen und
Fischen nur so wimmelt.

   Das wissen auch die Waldstörche, die weißen und grünen Ibisse und
der weiße Riesenstorch mit dem schwarzen Kopf, dem roten Hals und
dem kräftigen schwarzen Schnabel, der Jabiru. Sie alle stochern mit
ihren langen Schnäbeln im Wasser. Die rosa Löffler sieben das Wasser
mit ihrem löffelförmigen Schnabel, indem sie den Kopf schnell hin-
und herschwenken. In der Regenzeit verteilen sich die Vögel über das
ganze überschwemmte Sumpfland. In der Trockenzeit sammeln sie sich

zu Tausenden, zusammen mit Zehntausenden von Pfeifenten, an den letzten Wasserstellen.

Wenn man nun das Wasser der Flüsse mit elektrischen Pumpen auf die trockenen Ebenen leitet und kleine Dämme und Kanäle anlegt, kann man hier tatsächlich Reis anpflanzen. Riesige Mähdrescher mit Raupenketten anstelle von Vorderrädern ernten dann den reifen Reis.

Straßen und Autos

Alles ist groß in Guanacaste: die Felder, die Weiden, die Haziendas und die Entfernungen bis zur nächsten Stadt. Pferde sind zwar auf den Haziendas wichtig. Aber wer einen Nachbarn besuchen oder einkaufen will, fährt mit dem Auto. In den Städten gibt es daher nicht nur amerikanische Drive-in-Restaurants, sondern auch Bankschalter, an denen man vom Auto aus sein Geld einzahlen oder abheben kann.

Eine große Straße läuft längs durch Costa Rica. Sie führt im Norden weiter durch ganz Mittelamerika, die USA, Kanada bis nach Alaska. Im Süden verläuft sie weiter durch Panama, Kolumbien, Ecuador, Peru, Chile bis nach Feuerland an der Südspitze Südamerikas. Die Panamerikana verbindet Nord-, Mittel- und Südamerika miteinander. Hier fahren die riesigen amerikanischen Sattelschlepper, die Trucks, und transportieren die geschlachteten Rinder Costa Ricas in die USA und nach Kanada. Umgekehrt bringen sie Maschinen, Haushaltsgeräte oder Computer aus den USA nach Costa Rica und weiter nach Südamerika.

Allerdings benutzen auch kriminelle Banden diese Verbindung und versuchen, Waffen, Drogen oder Menschen nach Costa Rica oder hindurch zu schmuggeln. Die costa-ricanische Polizei – immer in schuss-

Die großen amerikanischen Trucks durchqueren Costa Rica von Süd nach Nord und von Nord nach Süd.

sicheren Westen – ergreift fast täglich Mitglieder solcher Banden. Die Polizei muss auch die Grenzen bewachen, denn es gibt keine Armee.

Costa Rica hat nur einen einzigen Krieg geführt, als im Jahr 1858 US-amerikanische Banditen nach Guanacaste eindrangen, das Land erobern wollten und den Krieg erklärten. Neuntausend Freiwillige aus San José marschierten den Eindringlingen entgegen und besiegten sie in einer schnellen Schlacht. Seither ist Costa Rica immer ein unabhängiger Staat geblieben. 1948, kurz nach den furchtbaren Schrecken des Zweiten Weltkrieges, schaffte Costa Rica die Armee dann ganz ab. Jeder hofft, dass sie auch nie wieder nötig sein wird!

Die Nebelwälder von Monteverde

Einige Jahre später begannen die USA den Krieg gegen das kommunistische Nordvietnam. Alle jungen Männer wurden zur Armee eingezogen. Wer diesen Kriegsdienst verweigerte, wurde ins Gefängnis gesperrt. Eine Gruppe junger Amerikaner lehnte den Krieg völlig ab. Sie gehörten zu den Quäkern* und waren wie alle Quäker strikte Pazifisten.

Bevor sie von einem Gericht verurteilt und ins Gefängnis gebracht worden wären, wanderten sie nach Costa Rica aus – dem Land ohne Armee. Auf der Suche nach einem geeigneten Ort in Costa Rica kamen sie auch in die Gebirge rund um das zentrale Hochtal. Eine der unbesiedelten Regionen schien ihnen besonders geeignet. Sie nannten sie Monteverde, den «grünen Berg», wegen des saftigen Grüns und des reichhaltigen Regens.

Sie rodeten den Wald und legten Weiden für ihre Kühe an. Da das Gras hier im Regen immer frisch blieb und ständig und rasch nachwuchs, benötigten die Quäker für ihre Kühe nur kleine Weiden. Diese lagen so nahe beieinander, dass sie die Kühe morgens und abends zum Melken in den Stall treiben konnten. Sie bauten einen Melkstand, eine große Molkerei und verarbeiten die Milch zu Butter, Sahne und dem besten Käse Costa Ricas.

Die Wälder, die die Quäker in Monteverde rodeten, sind aber ganz besondere. Jeder kann es bemerken. Es ist still in diesen hochgelegenen,

---

* Die Quäker setzten sich bereits im 18. Jahrhundert für die Abschaffung der Sklaverei ein, für die Rechte der Frauen und für Religionsfreiheit. Sie sind gegen jeden Krieg und retteten nach den Weltkriegen Tausende deutscher Kinder vor dem Verhungern. 1947 erhielten sie den Friedensnobelpreis.

kühlen Nebelwäldern. Die Bäche glitzern hier klar wie Bergkristall und rinnen nur spärlich. Sie rauschen noch nicht mächtig bergab, sie glucksen und gluckern nur vor sich hin. Dazwischen webt sich das feine Nieseln und Rinnen kleinster Regentropfen und manchmal das Rauschen der dichten Baumkronen. Diese ragen in die niedrig hängenden Nebelwolken hinein. Dabei kämmen sie winzige Nebeltröpfchen heraus. Die Baumstämme, die dicken Äste und selbst die dünnen Zweige sind dick mit Moosen, Flechten, Farnen, Bromelien und Orchideen bewachsen. Über siebzig Arten hat man schon auf einem einzigen Baum gezählt, davon vierzig verschiedene Orchideenarten. Die Wurzeln dieser so hoch in der Luft schwebenden Pflanzen erreichen niemals den Boden, sondern wachsen am Stamm entlang oder hängen frei in der Luft und gewinnen das lebensnotwendige Wasser aus dem Nebel und den Wolken heraus. Diese Luftwurzeln werden dick wie ein Daumen und können dann über einhundert Kilogramm tragen. Da sie frei in der Luft hängen, können sie auch schwingen – viele Meter weit. Tarzan hätte seine Freude daran! Lianen hingegen eignen sich dafür gar nicht, da sie im Boden fest verwurzelt sind.

Die Bromelien halten ihre steifen Blätter wie einen Trichter schräg nach oben. Das Regenwasser, das in ihre Blattachseln rinnt, sammelt sich an dieser Stelle und bildet kleine Tümpel. Dort legen Mücken ihre Eier hinein. Manche der kleinen Pfeilgiftfrösche legen ihren Laich ebenfalls in solchen Miniaturtümpeln ab. Die Kaulquappen ernähren sich dann von den Mückenlarven. Wenn das nicht reicht, legt die Froschmutter täglich ein unbefruchtetes Ei in den Tümpel. So gibt es immer genug Nahrung.

Manchmal gluckst und gluckert es auch abseits der Bäche – mit weichen, hohen Stimmchen. Im Dunkel sind sie kaum zu sehen: eine ganze Familie von fünf oder sechs kleinen Waldhühnchen, den Tinamus. Sie trippeln unter den großen Blättern daher, picken

Wie ein Juwel glänzt dieser schwebende Kolibri.

unermüdlich hierhin und dorthin und scheinen dabei wie auf kleinen Rädchen vorwärts zu rollen.

Mitunter ertönt es im Nebelwald wie von winzigen kupfernen Glöckchen; kurz darauf quietscht es sehr hoch und langsam wie ein ungeöltes Gartentor. So ruft ein unauffälliges, amselgroßes graues Rotkehlchen. Plötzlich schmettert und rattert ein temperamentvoll-lautes Lied aus dem Gesträuch. Wer einen Vogel sucht, der ebenso groß wie laut ist, findet keinen. Der Waldzaunkönig ist ein winziger, brauner Kerl mit schwarzem, weiß gepunktetem Kopf. Er hüpft zwischen den Luftwurzeln und Lianen rastlos hin und her, knäckert laut und ist unermüdlich auf der Suche nach dem nächsten winzigen Insektchen.

Ein leises Teckern, Knattern und Brummeln – hat sich da etwas bewegt? Nichts zu sehen – doch dann schwirrt etwas ganz kurz, schnell

Vorsicht! Der Biss dieser kleinen Viper ist tödlich!

und hektisch vorbei, erscheint vor der hellroten Hibiskusblüte und bleibt in der Luft davor stehen. Die Flügel schlagen so schnell, dass man durch sie hindurchsehen kann. Der Vogel streckt seinen langen, gebogenen Schnabel in die lange, schmale Blüte und schlürft den süßen Nektar heraus, indem er die Zunge blitzartig hinein- und herausflitzen lässt. Manchmal schlürft er dabei auch eine winzige Fliege oder Mücke mit auf. Unversehens ist der Kolibri verschwunden. Dann steht er ruckartig vor der nächsten Blüte. Im Schattendunkel löst sich seine fast schwarze Farbe völlig auf. Im plötzlich aufscheinenden Sonnenlicht blinkt er aber grell und metallisch-grün auf. Jetzt glänzt es wie kupfernes Metall vom Scheitel. Nie sieht man den ganzen Vogel, immer nur einen kleinen Teil des Gefieders. So bleibt der kleine Vogel vor den Schlangen, die an manchen Blüten lauern, fast unsichtbar. Und doch zeigt er mit seinen glänzenden Lichtblitzen, wer er ist. Aber das erkennen nur diejenigen, die es angeht, etwa die Kolibriweibchen (oder die Kolibrifreunde unter den Naturliebhabern).

Viele Kolibri-Arten* gibt es im Nebelwald, etwa das Grüne Veilchenohr mit seinem metallgrünen Gefieder und den veilchenfarben-violetten Federchen seitlich am Kopf, die es manchmal wie Ohrmuscheln aufstellt. Andere Namen zeigen ebenfalls an, wie die Kolibri-Art aussieht: der Violette Säbelflügler, der Purpurkehlige Bergedelstein, der Bronzene Einsiedler, der Grünkronige Brillant oder der Kupferköpfige Smaragd – lauter fliegende Edelsteine. Sehr selten ist die Gekrönte Waldnymphe, die so edel, aber auch so flüchtig und scheu ist, wie ihr Name anzeigt.

Weiter oben in den Nebelwäldern lebt ein noch seltenerer Bewohner. Es findet ihn nur jemand, der seinem Ruf folgt: einem flachen, wie auf einer Tonpfeife geblasenen «Vuuaah». Die Mayas** hielten ihn für einen Boten der Götter, der hier jenseits und entrückt aller Alltagswelt erscheint. Mit seinen prächtigen Federn durfte sich nur der König schmücken. Zwischen den großen, immer regennassen grünen Blättern, die im Sonnenlicht plötzlich aufglitzern, erscheint ein glänzendes reines Smaragdgrün. Der Rücken und die steile, helmartige Kopfhaube des Quetzals*** glänzen je nach Lichteinfall metallisch-grün bis türkisblau ebenso wie die meterlangen, weich gefiederten Schwanzfedern. Diese wallen wie eine geschweifte Schleppe herunter und schwingen im schnellen Flug wie eine geflügelte, wellenförmig fliegende Schlange.

---

* Manche dieser Kolibris, von denen die kleinsten nur so groß wie eine sehr große Hummel sind, wandern wie die großen Zugvögel. Einige überfliegen dabei mit fünfzig Stundenkilometern den Golf von Mexiko und sind dazu bis zu vierundzwanzig Stunden in der Luft.

** Die Mayas bewohnten das heutige Guatemala und Südmexiko. Sie wurden von den Spaniern fast vollständig umgebracht.

*** Sprich: Ket-záll

Nur in wenigen Nebelwäldern lebt der Göttervogel Quetzal.

Von vorne sieht man dann die dunkelrote bis leuchtend hellrote Brust und die reinweißen Unterschwanzfedern. Der Quetzal ernährt sich von den Früchten der Nebelwaldbäume, etwa von winzigen Avocados. Da diese Avocados aber nur alle zwei Jahre reichlich reifen, müssen die Quetzals immer neue Gebiete suchen und oft weite Strecken fliegen. Männchen und Weibchen bleiben ein Leben lang zusammen und brüten in einer großen Baumhöhle. Mit viel Glück sieht man eine solche Höhle, aus der nur die eleganten Schwanzfedern im großen Bogen heraushängen.

Glücklicherweise ist es im Nebelwald zu kühl für Schlangen, die eine solche Baumhöhle sicher finden und ausrauben würden – und auch zu kalt für die Weißgesichts- und Klammeraffen, die gerne Eier und Jungvögel aus Nestern plündern.

Dennoch gibt es nur noch wenige Quetzals, da ihre Heimat, der Nebelwald, immer mehr gerodet wird und immer mehr schrumpft. Die Schüler einer schwedischen Klasse, die dies hörten, wollten etwas für den Quetzal tun. Zwei Jahre lang sammelten sie Geld, gaben Konzerte und verkauften Kaffee und Kuchen. Mit dem erworbenen Geld kauften sie ein großes Stück des Regenwaldes, um es für den Quetzal zu erhalten. Dieser Wald wurde «ewiger Nebelwald der Kinder» genannt. Er wird heute von Kindern, Familien und Schulklassen aus dreiundvierzig Ländern unterstützt.

Vulkane

An manchen Stellen des Nebelwaldes bricht die Erde auf. Aus handgroßen Löchern zischen kochender Wasserdampf und Schwefelgase pfeifend hervor. An anderen Stellen ist die Erde von unten aufgeschmolzen und eingebrochen. Heißes, kochendes Wasser quillt heraus. Daneben kocht grauer Schlamm und spritzt in großen Blubberblasen wie grauer, verdorbener Schokoladenpudding herauf.

Sieben Vulkane Costa Ricas sind aktiv. Schon von ferne sieht man die Rauchwolken aus dem Krater aufsteigen. Immer wieder bricht einer der Vulkane aus. Das flüssige Magma verbrennt und vernichtet den Nebelwald. Es erstarrt zu hartem, aber bröckeligem Vulkangestein. Darauf können nur harte, dürre Gräser und karge, niedrige Sträucher wachsen. Es dauert mehrere Jahrzehnte, bis diese den Boden wieder so weit mit Humus angereichert haben, dass erneut Nebelwald wächst.

Zum Glück hat in den letzten Jahrhunderten kein Vulkanausbruch ein Dorf oder eine Stadt erreicht. Doch das kann jederzeit passieren, denn in Costa Rica ist die Erde in Bewegung – wie überall entlang der

Dieses Kraftwerk soll später aus Vulkandampf Strom gewinnen.

großen Gebirge Amerikas, der Anden, der Kordilleren und der Rocky Mountains. In Costa Rica sind die Vulkane besonders aktiv, denn das Land ist wie eine Art Scharnier zwischen Nord- und Südamerika und wird besonders stark bewegt.

Ein Vulkan kann gefährlich werden! Ist er nur gefährlich? Oder kann man einen Vulkan auch irgendwie nutzen? Einige Ticos (wie sich die Costa-Ricaner selber nennen) versuchen das. Sie wollen in dicken Röhren kaltes Wasser in Spalten des Vulkans leiten. Dort soll das Wasser so schnell erhitzt werden, dass es als heißer Wasserdampf wieder herauszischt. Der Dampf kommt mit gewaltigem Druck und großer Kraft heraus. Er ist so stark, dass er durch riesige Schaufelräder von Turbinen geleitet werden kann, die er antreiben und drehen soll. Die Schaufelräder wiederum sind an Elektrogeneratoren angeschlossen, die so funktionieren wie ein riesiger Fahrraddynamo: Wenn sie sich drehen, erzeugen sie Strom. Dieser Strom verursacht keinen Dreck, keine Abgase und keine Radioaktivität. Das wäre sauber produzierter und umweltfreundlicher Strom für Costa Rica. Hoffentlich lässt sich der Vulkan das gefallen!

Costa Rica – Pura Vida

Den Menschen in Costa Rica geht es heute gut – das Land gehört zu den zehn Staaten der Erde, in denen sich die Menschen am glücklichsten fühlen –, auch wenn Costa Rica nicht die «reiche Küste» ist, wie Kolumbus glaubte. Aber es ist, wie wir gesehen haben, eine reichhaltige Küste: Regenwälder, ähnlich wie in Südamerika, Trockenwälder, ähnlich wie im Norden, und Nebelwälder, wie es sie nur hier in Costa Rica gibt. Die Regierung hat große Gebiete des schönen Landes geschützt. Fast ein Drittel seiner Fläche sind Nationalparks und andere Naturreservate.

Kein Wunder, dass immer mehr Besucher aus Nordamerika und Europa hierherkommen, die Schönheiten des Landes bewundern und sich dabei von ihrer anstrengenden Arbeit und dem Leben in grauen Städten erholen. Für die Ticos ergeben sich durch die Touristen viele neue Aufgaben: als Biologen oder Tourführer in den Nationalparks und Reservaten oder als Köche und Kellner in Hotels und Restaurants. Viele finden so eine bezahlte Arbeit in ihren Heimatregionen und müssen diese nicht – wie in vielen andern Ländern – auf der Suche nach Arbeit verlassen.

Den Wahlspruch Costa Ricas kann man nach alledem gut verstehen. Er lautet: «Costa Rica – Pura Vida» – das pure oder reine Leben!

II. PERU – AUF DER SUCHE NACH SCHÄTZEN

Die Shipibofrauen bemalen das Kreuz für das Fest mit den traditionellen Shipibomustern.

Im amazonischen Regenwald

*Bei den Shipibo**

Wir kommen gerade rechtzeitig. Zwei Shipibofrauen in ihren bunten Blusen und Röcken haben bereits einige große Bananenblätter auf dem Sandboden ausgebreitet. Darauf haben sie zwei Holzbretter in Form eines großen Kreuzes gelegt, daneben Pfeile und Jagdbögen. Jetzt kauern sie daneben und zeichnen sorgfältig mit schwarzer, selbst angerührter Tinte seltsame Muster auf das Kreuz. Dann kommt auch der Schamane** des Dorfes in seinem langen, kaftanähnlichen Gewand, der Cushma***, hinzu. Auf der beigen, baumwollenen Cushma sind ähnlich seltsame Muster aufgestickt, aber in bunten Farben: blau, rot, gelb, grün und pink. Auf dem Kopf trägt er eine Art Stoffkappe, die ebenfalls bunt bestickt ist und auf die weiße Federn gesteckt sind.

In den Händen trägt er die traditionelle Waffe, die Arkana, eine Art hölzernes, schweres Schwert, das vorne breit in zwei Zacken ausläuft. Damit kann man den Gegner an der Gurgel fest- und auf Abstand halten. Es eignet sich natürlich auch zum Hauen und Stechen, etwa um Affen oder Faultiere zu erschlagen. Auch dieses schwarz lackierte Schwert haben die beiden Frauen frisch mit den typischen weißen Mustern bemalt.

Wir haben unser langes, schmales Holzboot an der Anlegestelle ver-

---

* Sprich: Schipíbo
** Der Schamane ist traditionell der Heilkundige eines Stammes.
*** Sprich: Kúschma

täut und sind noch ganz verschwitzt von dem Weg hierher. Die Sonne steht schon fast senkrecht. Doch nun sitzen wir mit den Shipibomännern, -frauen und -kindern auf dem erhöhten hölzernen Boden einer Hütte ohne Wände, durch die der Wind kühlend hindurchstreicht. Das mit Palmblättern gedeckte Dach, unter dem hoch oben Bananenvorräte und Maiskolben hängen, spendet uns wohltuenden Schatten. Manche Kinder schaukeln bequem in den Hängematten, die kreuz und quer im Schatten hängen. Hier lässt es sich – trotz der Hitze – gut aushalten!

Der Schamane erläutert uns, dass die Shipibo dieses Fest früher immer dann feierten, wenn sie ein Tier erbeutet hatten: einen Affen, ein Faultier oder gar einen Tapir. Auf den Bananenblättern und dem bemalten Kreuz wurde das Tier dann festlich präsentiert und in Würde verabschiedet, bevor es schließlich gekocht oder gebraten wurde. Dazu bereiten die Frauen ein großes Fass Chicha* aus Mais- oder Maniokmehl, welches sie zu einer Art schwachem Bier vergären. Zum Essen und Trinken wird dann getanzt – bis spät in die stockdunkle, nur von Petroleumlampen spärlich erleuchtete Nacht.

Die Shipibo sind immer friedlich. Selbst wenn sie zu viel von der Chicha getrunken haben, grölen oder randalieren sie nicht, sondern versinken friedlich in einer Hängematte und schlafen sich dort aus. Gewalt gibt es bei den Shipibo nicht!

Trotzdem ist nicht alles idyllisch in dem hübschen Dorf mit seinen friedlichen Menschen! Der Schamane erklärt es anhand des bemalten Kreuzes: Die Shipibo verwenden dieses Kreuz, solange sie zurückdenken können. Doch vor wenigen Jahren kamen Missionare mit radikalen Ansichten in das Dorf und quartierten sich ein. Sie brachten manches Gute mit ins Dorf und gruben einen tiefen Brunnen für eine Wasserpumpe. So fanden sie Freunde unter den Shipibo. Doch dann

* Sprich: Tschítscha

erklärten sie, dass das Kreuz ein christliches Symbol sei, das nur der Kirche gehöre und nicht anders verwendet werden dürfe. Die alten Tänze und die alten Lieder seien Tänze und Lieder des Teufels, und niemand dürfe sie mehr aufführen und singen! Manche glaubten den Missionaren und sangen und tanzten tatsächlich nicht mehr. Aber die anderen wollten ihre schönen Lieder und Tänze nicht aufgeben. Denn die Kirchenlieder der Missionare* gefielen ihnen gar nicht! Mit dem heutigen Fest wollen sie auch zeigen, dass die Shipibo das Kreuz schon viel länger verwenden, als es die Kirche überhaupt gibt, und dass sie sich ihre Kultur nicht verbieten lassen!

Außerdem stecken die Tänze, Gesänge und Symbole voller Geheimnisse. Einige wenige erklärt uns der Schamane. Da ist etwa das unauffällige kleine Kreuz mit gleich langen Balken, das wie ein + aussieht. Es ist das Zeichen für jenen mit der stärksten Kraft im Urwald, jenen, dessen Namen man nicht aussprechen darf, um ihn nicht zu reizen. Der Schamane nennt ihn nur «hermano»**, den «Bruder». Das darf er deshalb, weil er als «Bruder» des Jaguars aufgenommen worden ist. Wie? Früher musste jeder Schamane einen Jaguar im nächtlichen Zweikampf besiegen und töten, um zu beweisen, dass seine Kräfte stärker sind. Heute, wo es nur noch sehr wenige Jaguare gibt, geht diese Aufnahme anders vor sich. Wer Schamane werden will, braucht natürlich eine gewisse Begabung, die meist der alte Schamane feststellt. Dann aber lebt er viele Jahre allein und zurückgezogen, fastet und lebt enthaltsam. Er beschäftigt sich mit den giftigen und den heilenden Pflanzen des Waldes, um ihre Kräfte kennenzulernen und als Medizin verwenden zu können. Auch die Kräfte von Tieren, etwa die von giftigen Käfer- und

* Zum Glück gibt es nicht nur solche Missionare. Ein US-amerikanischer Missionar, der sieben Jahre bei den Piraha-Indianern am Amazonas gelebt hatte, musste einsehen, dass diese glücklicher als er selber und seine Familie sind. Schließlich ließ er sich von ihnen «missionieren».
** Spanisch: Bruder

Jede Stickerei ist ähnlich und als Shipibomuster sofort zu erkennen.

Schmetterlingsraupen, lernt er so kennen. Den Jaguarkräften begegnet er in seinen Meditationen. Dabei erweist es sich, ob er ihnen gegenüber standhalten kann oder nicht, ob er schon als «Bruder» von ihnen aufgenommen werden kann oder noch nicht.

Die typischen seltsam gewinkelten und bogenförmigen Shipibomuster auf dem Holzkreuz, den Schwertern und dem Schamanengewand finden sich auch auf Tüchern und Umhängen, die die Frauen sorgfältig und genau bemalt und in Farben gestickt haben. Woher kommen diese Muster? Nun, der Schamane hat sie bei seinen Heilungszeremonien gesehen. Er hat sie, noch halb in Trance, auf ein Moskitonetz gezeichnet, und die Frauen haben das Muster auf Stoff durchgepaust. Meist nehmen sie Baumwollstoff, den sie mit der Rinde eines Regenwaldbaumes dunkelbraun gefärbt haben.

Jedes Muster ist etwas anders, aber alle sehen sich so ähnlich, dass man sie sofort als Shipibomuster erkennt. Wie kommt das? Sie ähneln dem Muster, in dem die feinen Blutadern in unseren Augen verlaufen – mit ganz ähnlichen Bögen und Winkeln. Unter besonderen Umständen kann jeder diese Muster der Blutadern in seinen eigenen Augen sehen. Der Schamane benutzt bei seinen Heilungszeremonien den Saft von mehreren sehr starken Giftpflanzen, vor allem den der Ayahuasca-Liane* und der Engelstrompeten. Damit versetzt er sich in einen Trancezustand, in dem er die sichtbare Welt immer weniger wahrnimmt, aber die Ursachen für die Krankheiten besser. Vielleicht sieht er dabei auch die Blutadermuster seiner eigenen Augen und kann sie so aufzeichnen.

Für den Schamanen ist das aber nicht die richtige Erklärung. Für ihn stammen die Formen der Muster, die er sieht, von den Kolibris, die an den Blüten rund um die Hütten Nektar saugen und rasant von Blüte zu Blüte flitzen. Extra für die Kolibris pflanzt er diese Blumen an. Die Farben für die Muster, so sagt der Schamane, stammen dagegen von den farbenprächtigen Schmetterlingen, die ebenfalls an Blüten Nektar saugen. Auch für die Schmetterlinge pflanzt er Blumen an, denn ohne Schmetterlinge wären seine Heilungszeremonien farblos.

Für eine Heilung ruft er nicht nur den Kranken, sondern auch erfahrene Männer und Frauen zu sich. Er bereitet einen Trank aus ausgewählten Heilpflanzen für den Kranken. Wichtiger noch für die Heilung sind aber die Heilungslieder. Die Frauen singen sie einzeln mit sehr hohen Falsettstimmen. Sie wechseln mit den tiefen Männerstimmen im Chor. Alles geschieht nach Anleitung des Schamanen. Sie singen in ihrer Shipibosprache. Aber es sind nicht die Worte, die heilend wirken. Es ginge auch auf Spanisch oder sogar Deutsch. Sondern es ist der Rhythmus, den der Kranke in sich aufnimmt, den er

* Sprich: Ajachuáska (mit ch wie in Dach)

innerlich mitmacht. Eine Heilungszeremonie dauert lange, und der Rhythmus kann – wenn alles gut geht – den Kranken vollständig heilen.

Natürlich hilft dies nicht bei allen Krankheiten. Wenn jemand von einem großen Buschmeister oder der kleinen, hochgiftigen Lanzenotter* gebissen wird, muss auch er sofort ein Boot besteigen und sich so schnell wie möglich in das Krankenhaus der nächsten Stadt bringen lassen. Wenn das zu weit weg ist, muss er eine der schwimmenden Bootskrankenstationen auf einem der Flüsse aufsuchen, um ein Gegengift zu bekommen. Das Gift einer ausgewachsenen Lanzenotter wirkt sonst in drei Stunden tödlich. Noch giftiger und gefährlicher sind die jungen Schlangen, weil sie das Gift noch nicht dosieren können, sondern alles ausspritzen, was sie in sich haben.

Die erfolgreichen Heilungen und ihre dafür verwendeten Giftpflanzen, vor allem die Ayahuasca-Lianen und die Sträucher der Engelstrompeten, sind inzwischen berühmt geworden. Immer wieder besuchen junge Leute aus Europa und Amerika die Shipibodörfer. Sie glauben, sie könnten, indem sie nur die Giftpflanzen zu sich nehmen, ebenso hellsichtig und heilkundig werden wie die Schamanen. Sie wissen nicht, dass es viele Scharlatane gibt, die sich nur Schamanen nennen. Sie wissen auch nicht, wie viel jahrelange ehrliche Arbeit ein echter Schamane aufbringt, um wirklich heilen zu können, und sie wissen meist nicht, dass Ayahuasca und Engelstrompeten hochgiftige Pflanzen sind, die schwere Hirnschäden und Sucht bewirken, wenn sie nicht sehr genau dosiert werden. Manchmal bringen sie auch den plötzlichen Tod!

---

* Buschmeister und Lanzenotter sind kleine, hochgiftige Schlangen, die manchmal in den Feldern der Shipibo liegen und zubeißen, wenn ihnen jemand zu nahe kommt.

Am Fluss

Die Shipibo leben an den Ufern der kleineren und größeren Flüsse oder an still stehendem Wasser von ehemaligen Flussarmen im Regenwald. Denn sie sind ursprünglich Fischer und Jäger. Am Ufer – das bedeutet mindestens zehn Meter höher, als der Fluss jetzt in der Trockenzeit fließt. Denn in der Regenzeit steigt der Wasserstand gewaltig an. Auch in der Trockenzeit kann ein Gewitter über dem weit entfernt liegenden Gebirge losbrechen, was man hier gar nicht bemerkt. Dann schwillt der Fluss in wenigen Stunden an, und selbst aus einem nur knietiefen Flüsschen wird ein sechs Meter tiefer Strom, der Sand, Steine und ganze Bäume mit sich fortreißt. Nur wer sein Boot am Ufer an einer genügend langen Leine vertäut hat, findet es am nächsten Morgen noch auf dem Wasser schwimmend wieder. Boote an einer zu kurzen Leine werden vom Fluss überwälzt und versinken. Ein Einzelner kann das schwere, zehn Meter lange Holzboot nicht wieder heraufziehen. Vielleicht geht es mit vereinten Kräften. Hoffentlich hatte der Besitzer am Vorabend den Außenbordmotor abgenommen und sicher untergestellt – sonst ist der jetzt völlig verschlammt und unbrauchbar.

In der Trockenzeit ist es friedlich am Fluss. Wenn die Sonne morgens über den Wipfeln der hohen Regenwaldbäume am jenseitigen Ufer aufgegangen ist und die Sandbank am diesseitigen Ufer erreicht, ist es schon heiß: 30 oder 32 °C im Schatten. Die Luft steht still und dampft noch schwül von den Tropengewittern der letzten Nacht. Das Hemd klebt jetzt bereits auf der Haut. Bei jeder Bewegung bricht der Schweiß erneut aus und rinnt den Nacken hinunter. Am besten verhält man sich ganz still und setzt sich an die Uferböschung in den Schatten der überhängenden Sträucher und Lianen. Doch muss man immer ein Stück weiter nach hinten rücken, denn die Sonne steigt schnell, und der Schatten wird immer kleiner.

Tiere am Fluss

Aus dem Geäst eines Uferbaumes stürzt sich plötzlich ein metallisch-grün glänzender, torpedoförmiger Vogel in den Fluss. Eine Sekunde später taucht der Amazonas-Eisvogel wieder auf und schüttelt sprühend Kaskaden von glänzenden Wassertropfen ab. Diesmal hat er den kleinen Fisch im trüb-gelben Wasser verfehlt. Doch wird er es gleich erneut versuchen.

Ein glänzend weißer Reiher mit crèmefarben-blassgelbem Hals, hellblauem Gesicht und samtschwarzer Kopfplatte sowie drei langen weißen, elegant wippenden Federn am Hinterkopf schreitet vornehm-vorsichtig am flachen Ufer entlang – der Kappenreiher.

Er wird aufgestört von einem Trupp großer Hoatzins, die flügelklatschend durch die Uferlianen flattern. Die Hoatzins heißen auch Zigeunervögel, sehen aber eher wie eine Art Punk unter den Vögeln aus. Das wirre, struppige Federbüschel auf dem Kopf sträubt sich in alle Richtungen auf und ab. Das nackte, hellblaue Gesicht leuchtet grell. Plötzlich platscht ein Jungvogel in den schnell strömenden Fluss. Doch mit den Krallen an den Flügeln – nur Hoatzins haben solche – kann er sich an den Lianen festhaken, die in den Fluss hängen, und sich wieder hinaufhangeln.

Die fünf Wasserschildkröten, die sich regungslos, eine hinter der anderen, auf einem aus dem Wasser ragenden Ast sonnen, stört das nicht.

Auf den feuchten Sand- und Kiesbänken sitzen Schmetterlinge und saugen mit ihrem Rüssel Wasser auf. Besonders viele haben sich an den stinkenden Hinterlassenschaften der Pekaris* versammelt. Die Schmetterlinge haben sehr eigenartige Vorlieben! Einer hat sich auf die

---

* Pecaris sind Wildschweine des Amazonas-Regenwaldes. Manche Arten leben in großen Rotten von zwei- bis dreihundert Tieren und sind dann sehr gefährlich.

Auf einem Kiesel des Flussufers saugt dieser kleine Schmetterling Wasser auf.

Kuhfladen sind eine besondere Köstlichkeit für diese Falter!

Auf Ober- und Unterseite auffällig gefärbt, kann sich dieser Falter nirgendwo verstecken.

Nase der größten Wasserschildkröte gesetzt und schlürft deren Nasenschleim auf. Auch das stört sie nicht.

Signalrot glänzen manche Schmetterlinge im Flug auf, metallisch grün und blau die anderen. Doch wenn sie sich setzen, klappen sie die Flügel sofort zusammen. Die Außenseite sieht dann von Weitem so grau wie der Sand und die Steine aus und ist kaum von diesen zu unterscheiden. Erst aus der Nähe erkennt man das feine schwarz-weiße Muster mit hellblauen Punkten und einem orangen oder roten Streifen.

Die meisten Falter können sich mit solchen unauffälligen Flügelaußenseiten gut verstecken. Einer jedoch ist auch mit zusammengeklappten Flügeln grellrot gefärbt – und mit geöffneten Flügeln metallisch-hellblau auf schwarzem Grund. Er kann sich nie verstecken. Schon bei der kleinsten Bewegung, beim leisesten Knacken eines Zweiges oder

Am Abend glühen die Bäume am Flussufer noch einmal auf.

Knirschen eines Kiesels prescht er auf und stürmt in rasanten Flugbögen davon. Erst weit entfernt lässt er sich wieder vorsichtig nieder.

Er ist auf der Hut vor den Vögeln des Ufers, dem Fliegenschnäpper mit dem knallgelben Bauch und vor dem unscheinbar-mausgrauen Wassertyrannen, der lange unbeweglich auf der Sandbank kauert, doch sich plötzlich mit wilden Flugschwüngen auf ein vorbeifliegendes Insekt stürzt.

Abends vor Sonnenuntergang wird es ruhig und friedlich am Fluss. Wer so lange ausgeharrt hat, wird vielleicht noch einmal belohnt: Scharen von grünen Sittichen fliegen mit schwirrenden Schlägen ihrer kurzen Flügel über den Fluss. Fünf grüne Rotbauchpapageien folgen mit leise krächzendem Grollen. Sie suchen ihre Schlafplätze in den hohen Bäumen auf der anderen Flussseite auf.

Wenn es schon fast dunkel geworden ist, schwebt ein großer Schatten heran. In weichem, flachem Flug gleitet die Sonnenralle ohne Flügelschlag langsam über die Sandbank hinweg. Obwohl sie etwas größer als ein großer Hahn ist, verschwindet sie mit ihrem graubraun gemusterten Gefieder fast ganz vor dem abendlich-grauen Hintergrund. Doch von oben sehen wir auf ihren beiden, im Flug weit ausgespannten Flügeln je ein Sonnenmuster aus Gelb, Rot und Braun mit kleinen, weiß herausglänzenden Punkten. Es scheint, als verabschiede sich hier die untergehende Sonne noch einmal auf den Flügeln der Sonnenralle.

Fische, Fischer und Delphine

In den großen Flüssen, wie dem Rio Ucayali, dem Rio Madre de Dios oder dem Rio Pachitea* sieht man regelmäßig einen glatten, runden, glänzenden Rücken mit einer abgerundeten Rückenflosse auftauchen. Die Süßwasserdelphine müssen regelmäßig Luft holen. In dem gelblich-trüben Flusswasser können sie die Fische, die sie jagen, nicht sehen. Stattdessen stoßen sie spitze, laute, aber für uns unhörbare Schreie aus. An dem Echo, das sie mit ihrem Echolotorgan über der Nase aufnehmen, erkennen sie, wo gerade Fische schwimmen und wie schnell und wie groß diese sind.

Die Shipibo berichten, dass es früher große Trupps von Süßwasserdelphinen gab, zwanzig bis fünfundzwanzig Tiere. Heute sind die Gruppen klein, meist nur fünf bis sechs Delphine. Es gibt zu wenige Fische für sie. Zu viele Menschen leben inzwischen an den Ufern der Flüsse. Sie legen überall am Ufer Netze aus oder treiben die Fische in der Mitte des Stromes zusammen in ein weit ausgespanntes Ringnetz.

* Sprich: Patschitéa

Piranha-Zähne!

Häufige Fische sind die Piranhas*, die immer in großen Schwärmen schwimmen. Von ihren rasiermesserscharfen Zähnen sollte man sich nicht beißen lassen! In alten Büchern liest man manchmal, dass Piranhas der Schrecken der Amazonasflüsse seien. Ein Piranhaschwarm könne ein großes Tier oder auch einen Menschen, der unvorsichtigerweise in einen Fluss steigt, in wenigen Minuten bis auf das Skelett abnagen. Das kommt zwar nur sehr selten vor, aber es geschieht tatsächlich auch heute noch! Normalerweise jedoch fressen Piranhas tote Tiere im Wasser. So sind sie weniger eine Räuberbande als vielmehr eine Art Umwelt- und Gesundheitspolizei der Flüsse.

* Sprich: Piránjas

Auch für die Shipibofischer gibt es inzwischen zu wenig Fisch zu essen. Könnten sie stattdessen jagen? Nein! Das Reservat, das die peruanische Regierung «unseren» Shipibo zugewiesen hat (es gibt noch viele andere Reservate für die anderen Shipibogruppen und für die anderen Indianer*), lag zwar ursprünglich im Regenwald. Damals kamen viele Waldtiere in das Shipibogebiet: Affen, Faultiere, Wasserschweine, Pecaris und Jaguare. Die Shipibo konnten immer wieder ein Tier jagen, ohne dass es weniger wurden. Doch inzwischen ist der Regenwald rund um ihr Reservat abgeholzt. Es weiden dort Kühe, es wachsen Bananen oder es stehen dort weitere Siedlungen. Die Waldtiere finden keinen Weg mehr hierher. Nur noch selten verirrt sich ein Affe in die Kronen der Palmen. Wovon sollen die Shipibo leben? Sie pflanzen Bananenstauden, säen Mais aus und stecken Stecklinge von Maniok. Dafür mussten sie einige Regenwaldbäume roden. Außerdem pflanzen sie Palmen, deren Blätter sie zu regendichten Matten für die Dächer ihrer Hütten verflechten. Doch der Regenwald fehlt ihnen sehr!

Verhungern müssen die Shipibo nicht. Aber es gibt immer von allem zu wenig. Einmal kamen japanische Ingenieure ins Dorf. Sie empfahlen den Shipibo, am Ufer, das regelmäßig überschwemmt und vom Flussschlamm gedüngt wird, Sträucher von Camu-Camu zu pflanzen. Camu-Camu trägt pflaumengroße, süßsaure, sehr leckere, grün-rote Früchte, die sehr gesund sind und gegen viele Krankheiten helfen. Die Früchte halten sich aber nicht sehr lange. Man kann sie nicht nach Europa oder Japan verschicken. Doch wenn man sie schnell einkocht,

---

* Diesen Namen mögen die heutigen Nachfahren gar nicht gerne, da sie ja nicht in Indien leben. Sie bezeichnen sich selber als Indigenas oder Indios, also Eingeborene, die – im Gegensatz zu den späteren Siedlern – schon immer hier lebten. Oder sie benennen sich mit den Namen ihrer jeweiligen Stämme.

entsteht eine ebenfalls sehr leckere und gesunde Marmelade. Die Ingenieure versprachen, ein Schiff auf den Fluss zu schicken, wo die Camu-Camu-Früchte eingesammelt und sofort zu Marmelade eingekocht würden. Und so geschah es. Die Shipibo bauten Camu-Camu an, und die Ingenieure kochten die Marmelade. Die Shipibo bekamen einen guten Preis für ihre Früchte und waren sehr zufrieden. Doch im dritten Jahr kam das Schiff nicht wieder. Die Shipibo konnten nur wenige Camu-Camu-Früchte verkaufen, und das nur zu einem schlechten Preis. Jetzt wissen sie nicht, was sie jedes Jahr mit den vielen Früchten machen sollen.

Vor allem die jungen Männer haben keine Arbeit und kein Geld. Sie mögen die Arbeit in der Landwirtschaft nicht, denn eigentlich sind sie doch Jäger und Fischer. Oft haben sie ganze Tage lang nichts zu tun, sitzen herum und langweilen sich.

Die Mädchen heiraten häufig schon im Alter von sechzehn Jahren und bekommen Kinder. Sie haben viel Arbeit im Haus und wissen doch oft nicht, womit sie ihre Kinder ernähren sollen. Ihre Männer verlassen dann nicht selten das Dorf auf der Suche nach bezahlter Arbeit. Sie gehen nach Pucallpa, Iquítos* oder in die Hauptstadt Lima, wo sie mit viel Glück Hilfsarbeiten auf dem Bau für wenig Lohn finden. Dann kommen sie kaum noch nach Hause. Dort fehlen sie. Die Mütter müssen alle Arbeiten allein machen. Und bei den Arbeiten, die eigentlich die ganze Dorfgemeinschaft macht, fehlen sie auch. Wer soll dann noch die Grasflächen mit Macheten** mähen? Wer soll die Flächen zwischen den Hütten grasfrei halten, damit keine Schlangen sich verstecken und damit die Kinder dort sicher spielen können?

José, der erwachsene Sohn des Schamanen, hatte eine Idee: Im Fluss leben doch nicht nur die kleinen Fische und die Piranhas, sondern auch

* Sprich: Ikítoss
** Sprich: Matschéten

der riesenhafte Paiche*, der schmal und lang gestreckt bis zu drei Meter lang wird. Er besitzt schöne, hell glänzende Schuppen, und sein Fleisch hat einen besonders kräftigen und beliebten Geschmack. Der Paiche wird aber auch immer seltener. Könnten sie nicht den Paiche, statt ihn mit Netzen zu fangen, in großen Becken züchten? Sie könnten ihn mit kleinen Fischen füttern und ihn, wenn er groß genug ist, verkaufen. Vielleicht ist das eine gute Idee, die etwas Geld einbringt!

Die Frauen und Mädchen der Shipibo hatten auch Ideen. Warum sollten sie nur ihre eigenen Röcke, die bunten Blusen mit den aufgesetzten, runden Kragen und nur ihre eigenen Tücher mit Stoffmalereien und den schönen gestickten Shipibomustern verzieren? Sie könnten solche schönen, bemalten und bestickten Stücke doch auch verkaufen! Nun sitzen sie oft gemeinsam unter einem schattenspendenden Dach, malen und sticken und erzählen und lachen viel dabei. Außerdem durchbohren sie die knallroten, glückbringenden Samen des Huayruro-Baumes**, die braunen Samen der Akazien oder die geldstückartigen Samen des Jamaplata-Baumes und fädeln sie zu Ketten auf. Manchmal ziehen sie auch einen Jaguarzahn mit auf die Kette oder die Schuppe eines Paiche.

Isarama und Kurincia*** gehen in die dritte und fünfte Klasse der Dorfschule. Wenn die Schule aus ist, fahren sie zusammen mit einigen älteren Frauen eine Stunde lang im hölzernen Motorboot in die nächste Stadt. Sie laufen dort auf den Straßen umher und bieten ihre Ketten, Arm- und Fußbänder den Stadtbewohnern und Besuchern an. Sie freuen sich sehr, wenn sie etwas verkaufen. An nette Kunden verschenken sie auch gerne noch ein zusätzliches Armband. Es ist fast unerträglich

---

* Sprich: Péitsche
** Sprich: Weirúro
*** Alle Shipibo haben einen spanischen Namen für die Behörde und einen Shipibonamen, der immer etwas bedeutet, zum Beispiel «die Stirn des Papageien» oder «der Ruf des Tukans».

Links: Isarama und Kurincia verkaufen selbst gemachten Schmuck in der nächsten Stadt.
Rechts: Was wird Lucia später einmal machen?

laut in den Straßen. Tausende von dreirädrigen Motorradtaxis knattern lautstark und stinkend durch die Straßen. Manchmal schwanken Betrunkene durch das Hafenviertel. Isarama und Kurincia sind froh, wenn sie bei Sonnenuntergang nach einer Stunde Bootsfahrt wieder in ihrem friedlichen Dorf ankommen. Hausaufgaben können sie natürlich nicht machen ...

Lucia ist schon sechzehn Jahre alt. Die meisten ihrer Freundinnen sind schon verheiratet. Doch Lucia hat viel Geschick beim Sticken und hat schon viele schöne Decken verkauft. Sie ist klug und möchte weiter auf eine Schule in der Stadt gehen und mehr lernen. So hofft sie, später einen guten Beruf zu bekommen. Erst dann will sie heiraten und zwei Kinder bekommen, nicht acht oder zehn wie viele der Frauen. Aber noch fehlt ihr das Geld für die Schule, für ein winziges Zimmer, das sie mit drei oder vier anderen Schülerinnen im Internat teilen würde, und für das Essen in der Stadt, das dort viel teurer ist als in ihrem Dorf. Ob jemand Lucia hilft?

Flussaufwärts: Im Wald

Dann verlassen wir das Flussufer und fahren dorthin, wo es noch intakten Regenwald gibt. Wie anders fühlt es sich an, wenn wir den Wald betreten! Hoher, grüner Schatten umfängt uns. Kaum ein Lichtfleck gelangt bis auf den Waldboden. Im Vergleich zum sonnenbeschienenen Flussufer ist es schön kühl hier. Kühl – das sind immer noch 28 °C. Wer nicht still stehen bleibt, sondern hügelauf und -ab steigt, wird schnell schwitzen. Und da der Schweiß in der feuchten Waldluft nicht verdunsten kann, kühlt er auch nicht. Der Körper schwitzt noch mehr. Bald klebt das Hemd vom Schweiß. Und am Ende eines langen, anstrengenden Tages kann man es wortwörtlich auswringen!

Wer aufregende Jaguare und Riesenschlangen erwartet, prunkvolle Orchideen und saftige Tropenfrüchte pflücken möchte, wird zunächst tief enttäuscht sein! Kein Tier ist zu sehen, keine bunte Blüte, keine verlockende Frucht. Anfangs sehen wir nur dunkelgrüne Blätter rechts und links, vorne und hinten, oben und unten. Zum Glück hat unser ortskundiger Führer seine lange, frisch geschliffene Machete dabei, die er am Gürtel trägt und die fast bis zum Boden reicht. Oft muss er weit ausholen und mit großem Schwung Lianen oder ganze heruntergebrochene Äste zerschlagen. Sonst würden sie den schmalen Pfad in kurzer Zeit völlig überwuchern.

Glücklicherweise sind wir in der Trockenzeit unterwegs. In der Regenzeit wären schon Scharen von Moskitos über uns hergefallen.

Vergorene Früchte haben diesen Morphofalter auf den Boden gelockt.

Moskitos hinterlassen nicht nur aufdringlich juckende Stiche, sondern können auch gefährliche Krankheiten wie Gelbfieber* übertragen.

Manchmal sehen wir Schmetterlinge, aber nur, kurz bevor wir auf dem Waldweg auf sie darauftreten würden. Die Waldschmetterlinge sind tief-dunkelbraun gefärbt, manche mit schönem dunkelblauem Glanz. Sie fliegen nur kurz zick-zack-artig auf und lassen sich schnell wieder nieder. Sofort klappen sie die schwarz-braunen Flügel zusammen und sind nicht wiederzufinden. Auch die durchsichtigen Glasflügler mit ihren bläulichen oder karminrosa Flügelaugen flapsen nur kurz auf und scheinen sich völlig aufzulösen, sobald sie wieder sitzen.

* Gelbfieber ist eine scheußliche, schwere Krankheit, die Zahnfleischbluten, Krämpfe und blutiges Erbrechen mit sich bringt. Sie wird durch das Gelbfiebervirus ausgelöst, das von Moskitos übertragen wird.

Manchmal glänzt es im Dunkelgrün des Waldes hell auf, als wäre es ein Stück Himmelsblau: der metallisch glänzende Morphofalter. Doch wirklich anschauen kann man ihn nicht, denn mit dem nächsten Flügelschlag ist er bereits wieder hinter einem Baum verschwunden.

Zwischen den schlanken, nur wenige Meter hohen Palmen und den schmalstämmigen jungen Bäumen ragen einzelne Baumgiganten auf. Ihre Kronen können wir vom Waldboden aus gar nicht sehen, da sie sich erst oberhalb der kleineren Bäume ausbreiten und manchmal fünfzig Meter hoch aufragen. Doch ihre mächtigen Stämme sind unübersehbar. Fünf Meter hoch sind die Wurzeln, die seitlich wie Stützbretter ansetzen. Wenn man ein paar Palmblätter darüberlegen würde, könnte man sich schnell eine Schutzhütte bauen – oder auch fünf oder sieben im Kreis um den Stamm. Wie der gigantische Ständer eines Weihnachtsbaumes stützen sie den viele Tonnen schweren Stamm und bewahren ihn vor dem Umfallen. Denn die Erde ist locker hier im Wald. In der Regenzeit weicht sie bis in die Tiefen sumpfartig auf.

Doch manchmal brechen kalte Gewitterstürme von den Anden herein. Sie sind so gewaltsam, dass sie sogar die breit abgestützten Baumriesen umwehen und niederbrechen. Alles, was in ihrer Falllinie steht – Lianen, kleinere und mittlere Bäume – reißen sie mit donnerartigem Krachen mit sich. Eine riesige Wolke aus Staub, Erde, Blättern und Insekten stiebt und wirbelt auf. Erst wenn sie sich allmählich wieder senkt, wird die fünfzig Meter lange und dreißig Meter breite Lichtung sichtbar. Sogar die Sonne erreicht jetzt den Waldboden. Alle Tiere sind beim ersten Krachen schnellstens geflüchtet. Nur sehr zögerlich und vorsichtig nähern sie sich wieder dem völlig veränderten Ort. Und über die Lichtung hinweg können wir sie – wie am Flussufer – endlich sehen!

Links: Hoch über allen anderen Urwaldbäumen ragt dieser Kapokbaum auf.

Tiere im Regenwald

Neugierig laufen zwei schlanke Krallenäffchen behände auf allen vieren einen schmalen Ast am Rande der Lichtung entlang. Vorne ist ihr Fell schwarz, hinten dunkelbraun wie Zartbitterschokolade. Der untere Teil des Gesichtes leuchtet weiß wie ein strotzender Schnurrbart aus dem Gewirr der Äste. Die Äffchen sind etwa so groß wie eine kleine Katze, aber nur halb so schwer. Feingliedrig und beweglich turnen sie über einen dünnen Ast auf den Stamm des nächsten Baumes. Spielerisch umkreisen sie kopfüber in Spiralen den Stamm. Dabei halten sie sich immer wieder mit dem langen, beweglichen Schwanz fest und zwitschern leise wie kleine Vögel. Mit ihren Krallenfingern puhlen sie kleine Raupen aus der Rinde oder drehen die Blätter auf der Suche nach Insekten um. Ein Knacken im Nachbarbaum, und sie hüpfen mit einem großen Satz in das Blättergrün, das sie sofort verschluckt.

Ein Trupp von sieben rotbraunen, dickfelligen Affen hangelt sich mit geschmeidigen Bewegungen gemächlich von einem Ast zum anderen, das alte Männchen mit dem mächtigen Kehlbart voran. Dann platziert sich jeder in einer Astgabel und beginnt die Blätter in seiner Griffweite zu sich heranzuziehen, abzupflücken und zu essen. Nach einer halben Stunde legen sie erst einmal eine Verdauungspause ein, bevor sie bedächtig weiterziehen. Sie haben es nie eilig, denn die Blätter, ihre Nahrung, laufen ihnen nicht davon. Aber sie zu verdauen ist kompliziert und dauert lange. Die Aufmerksamkeit der Brüllaffen ist den größten Teil des Tages mehr nach innen, auf ihre Verdauung, gerichtet als nach außen – ähnlich wie bei Kühen. Sie sind eine Art «Kühe der Bäume». Täglich ziehen sie eine große Strecke durch die Baumkronen, bis sie die wohlschmeckendsten Blätter gefunden haben. Dabei haben sie kein eigenes Wohngebiet, das sie gegen andere verteidigen würden. Um keiner anderen Gruppe zu begegnen, rufen, ja brüllen die roten

Brüllaffen morgens, sobald sie aufgewacht sind. Anders als das Brüllen der schwarzen Brüllaffen Costa Ricas ist ihr Brüllen nicht mit dem eines Jaguar zu verwechseln, sondern deutlich heller. Es dröhnt, rollt, grollt, grunzt, rasselt und jauchzt, dass man es mehr als einen Kilometer weit hört. Andere Brüllaffengruppen antworten von weit her. Sie werden heute das Gebiet der ersten Gruppe meiden. Denn wenn zwei Brüllaffengruppen aufeinandertreffen, gibt es unter den sonst so Langsamen und Friedlichen eine heftige Beißerei, die oft mit tödlichen Bisswunden endet. Das möchte keiner!

Wir wollen ein noch ungestörtes Gebiet aufsuchen, das für seine Papageien berühmt ist. Dorthin führt keine Straße. Es gibt keine Autos, keine Motorräder, nicht einmal Fahrräder. Wir müssen erst nach Puerto Maldonado fahren, wo der Rio Tambopata in den noch breiteren Rio Madre de Dios mündet. Von dort fahren wir auf einer durchweichten Schlammlochpiste zu einer kleinen Indiosiedlung, die Inferno, auf Deutsch «Hölle», heißt. Warum «Inferno»? Die ersten spanischen Eroberer kamen mit einem Holzschiff vom kühlen Hochland der Anden flussabwärts hierher. Sie waren auf der Suche nach «El Dorado», dem «goldenen Land», das es angeblich im Regenwald geben sollte. Sie kamen auf dem Fluss in immer wärmere, heißere und feuchtere Gebiete und schwitzten in ihren schweren Rüstungen. Moskitos überfielen sie Tag und Nacht in riesigen Schwärmen. Fieber und unbekannte Krankheiten brachen aus. Viele Spanier starben. Ein Goldland fanden sie nicht. In ihrem Fieberwahn kamen ihnen die feuerroten Blüten der ansonsten kahlen Korallenbäume wohl schon wie die Flammen des Höllenfeuers vor.

Wir aber besteigen in Inferno eines der schmalen, hölzernen Transportboote. Es ist mit einem kräftigen Außenbordmotor ausgerüstet und soll uns acht Stunden flussaufwärts fahren. Zwei Personen können nebeneinander sitzen, dürfen aber während der Fahrt nicht aufstehen,

Wer zum Markt will, muss das Boot nehmen.

damit das Boot nicht umkippt. In der Mitte ist Platz für Vorräte, die mehrere Tage reichen. Fernando, der Kapitän, sitzt hinten am Steuer. Ricardo, der Bootsführer, steht vorne am Bug. Er kennt den Fluss gut und hält Ausschau nach den Sandbänken und Stromschnellen, die sich täglich verändern. Treibenden Ästen oder Stämmen weicht Fernando dann aus oder hebt den Außenbordmotor an, damit die Schraube sich nicht verhakt oder gar zerbricht.

Am Flussufer grasen die Trupps der Capybaras*. Sie werfen uns höchstens einen misstrauischen Blick zu und lassen sich nicht stören – jedenfalls solange wir nicht zu nahe kommen. Dann verschwinden sie hoppelnd zwischen den Uferbüschen. Sie sind die Lieblingsspeise des Jaguars. Vor ihm würden sie sich ins Wasser stürzen und untertauchen. Denn er kann zwar auch schwimmen, aber nicht tauchen!

Einen Jaguar bekommen wir, wie erwartet, nicht zu sehen. Jeder Jaguar bewohnt ein riesiges Revier von 25 – 150 km^2. Sein im Zoo so auffälliges Fleckenmuster löst sich zwischen den Blättern und Lichtflecken des Waldes völlig auf. So wird er selbst im Abstand von zwei Metern fast unsichtbar. Nur wenn er zum Trinken an den Fluss kommt, verlässt er, vorsichtig sichernd, seine Deckung. Dann kann man Glück haben und ihn vom Boot aus tatsächlich sehen.

Oberhalb des steilen Uferkliffs ragen Bananenblätter, Orangenbäume und Maniokstauden auf. Die hier ansässigen Ashanínka-Indios leben seit Jahrhunderten von Kochbananen und Maniok**. Das Hochwasser zur Regenzeit überspült jedes Jahr ihre Felder und düngt diese mit dem gelblich-braunen, fruchtbaren Schlamm. Die Orangen und die überschüssigen Kochbananen verfrachten die Ashanínka mit dem Boot

---

* Im Deutschen heißen sie Wasserschweine. Es sind aber keine Schweine, sondern eine Art braunpelzige, metergroße Riesenmäuse. Der Name Capybara bedeutet «Meister des Grases» und beschreibt treffend ihre Hauptnahrung und Haupttätigkeit!

** Maniok wird wegen seiner Knollen angebaut. Diese sind giftig und müssen erst in Wasser gelegt und gespült werden, bevor man sie kochen und essen kann.

flussabwärts nach Puerto Maldonado, um sie auf dem Markt zu verkaufen. Die Fahrt flussabwärts verläuft selbst in der Trockenzeit, wenn der Fluss nur wenig Wasser führt, noch recht gut. Auf dem Rückweg ist das Boot oft voll beladen. Die Einkäufe – neue Gummistiefel oder Sandalen, Batterien, Salz oder Zucker – müssen wasserdicht in Plastiktonnen in der Mitte des Bootes verstaut und fest verzurrt werden. An den flachen Stellen muss der Bootsführer aussteigen und, bis zu den Knien tief im Wasser, das flache Boot aufwärts schieben. Die Mitreisenden staken gleichzeitig das Boot mit langen Holzstangen voran.

Papageien

Nach vier Stunden schwankender Bootsfahrt erreichen wir den Kontrollposten des Tambopata-Nationalparks. Jedes Boot muss hier anlegen. Jeder Besucher muss sich im Nationalparkbüro ausweisen, Eintritt bezahlen und sich in ein Buch eintragen. Nach weiteren fünf Stunden Bootsfahrt erreichen wir kurz vor Einbruch der Dunkelheit das Tambopata-Forschungszentrum mitten im Regenwald, wo wir übernachten.

Am nächsten Morgen brechen wir – ohne Frühstück – um fünf Uhr im Stockdunklen auf. Es gibt kein elektrisches Licht auf der Forschungsstation. Es ist Neumond, und der Himmel ist dicht bewölkt. Eine solche Dunkelheit gibt es in Europa gar nicht mehr, wo immer irgendwo die Straßenbeleuchtung brennt. Ohne Taschenlampen würden wir die Hand vor den Augen nicht sehen, geschweige denn den schmalen Pfad im dichten Wald finden!

Am Flussufer dämmert der wolkige Himmel bereits. Wir klettern das sechs Meter hohe Steilufer hinunter zum Boot. Fünf Minuten lang tuckern wir flussaufwärts. Ob wir sie finden werden? Das Boot legt an einem schlammigen Ufer an, und wir folgen einem gewundenen Pfad durch dichtes Gebüsch. Am Ufer eines ehemaligen Flussarmes warten wir still. Keiner sagt einen Ton; niemand darf rascheln. Sonst kommen sie nicht! Wir schauen gebannt auf das gegenüberliegende Ufer, wo die zehn Meter hohe Lehmwand an mehreren Stellen frisch abgebrochen ist und offen vor uns liegt.

Eine halbe Stunde lang geschieht gar nichts. Dann erscheint, wie ein schwarzer Schatten vor dem noch morgendlich dämmergrauen Himmel, ein Paar großer Vögel. Sie krächzen laut und kreisen mehrmals, scharf äugend, über das Wasser und lassen sich dann beruhigt im Wipfel einer Palme nieder. Bald tauchen weitere Paare am heller werdenden Himmel auf, kurzschwänzige Amazonen, ein Trupp Sittiche – und schließlich mehrere Paare der erhofften Aras.

Noch können wir in der Dämmerung die Farben und die Arten nicht unterscheiden, wohl aber die Stimmen: lautes, vielstimmiges, manchmal stotterndes und rollendes Krächzen, Krähen und Rätschen der Aras, ein zwitscherndes Quietschen und Kreischen der Sittiche, dazwischen wohltönendes Flöten und Gurgeln der Gelbstirnamazonen sowie ein unbestimmbares, wie durch die Nase gezogenes Grollen.

Es wird immer lauter und aufgeregter, je mehr Papageien sich in den Baumwipfeln niederlassen. Jetzt, da die Morgensonne hinter den Bäumen in unserem Rücken aufgeht und die vor uns liegende Lehmwand rötlich erleuchtet, sind es schon etwa zweihundert, doch es werden jede Minute mehr. Immer wieder fliegen einzelne Paare von ihren Sitzplätzen auf den Bäumen auf, umkreisen den Fluss, die Bäume, die Wand und uns und lassen sich wieder auf einem Baum nieder.

Wir verhalten uns ganz still und verscheuchen nicht einmal die Moskitos, die uns überall piesacken. So bleibt für die Papageien alles ruhig und sicher, und nach kurzer Zeit fliegen die ersten Mutigen wieder auf die Lehmwand zu. Dort flattern die metergroßen Aras aufge-

Nur wenige Sekunden lang fressen diese drei Ara-Arten an der Lehmwand.

regt mit weit gespreizten Schwanzfedern und kräftigen Flügelschlägen, krallen sich mit dem Schnabel und den kräftigen Füßen an der Wand fest und beginnen, mit dem starken Schnabel den Lehm abzukneifen und zu fressen.

Die grünen Federn der Gelbstirnamazonen, der Blaukopfamazonen und der Rotbaucharas glänzen smaragden im Morgensonnenlicht. Die Mehlamazonen tragen auf dem Rücken einen weißlichen Schleier, wie von Mehl bepudert. Die aprikosenfarbenen Köpfchen der Weißbauchamazonen schimmern gedämpft heraus. Doch in dieses Farbenflimmern schießt wie direktes Morgensonnenlicht das strahlende Goldgelb der türkis-goldenen Aras hinein, sobald sie ihre Flügel anheben. Die dunkelblauen Flügel geben im Flug den goldgelben Bauch und den türkisblauen Rücken frei, der wie ein Märchen-Edelstein in der Sonne funkelt. Erst ganz zum Schluss trauen sich auch die großen rot-grünen Aras und die Scharlach-Aras heran. Ihr knalliges Rot-Gelb-Blau leuchtet stärker als alle anderen Farben.

Zwei Minuten lang fressen alle friedlich. Auf einmal geht ein Schrei durch die Lehmwand. Der Schatten eines Adlers zieht herüber. Siebenhundert Paar Papageienohren hören den Schrei, siebenhundert Papageienkehlen wiederholen ihn siebenhundertfach verstärkt, und siebenhundert Paar Papageienflügel blitzen grell in allen Farben auf und flattern wie in einer wirr aufwirbelnden Wolke hinüber in die Baumwipfel. Dort verschwinden die grünen Papageien im Blattgrün fast völlig. Nur die roten und gelben Partien glänzen heraus.

Stille. Kein einziges Krächzen ist zu hören. Einige Minuten vergehen, ohne dass etwas geschieht. Dann wagen die Ersten, erneut einige Runden zu fliegen. Und schließlich kehren die Unerschrockensten an die nun wieder ungefährliche Lehmwand zurück und fressen weiter. Dieses nervöse Kreischen, hektische Auffliegen, unruhige Niedersetzen und schließlich beruhigte Wiederkehren wiederholt sich mehrmals. Doch endlich haben die Ersten genug Lehm aufgenommen und verschwinden schweigend über den Fluss im Wald.

Morgen früh werden sie wiederkommen. Einige fliegen täglich zwanzig Kilometer weit, manche sogar von jenseits der bolivianischen Grenze hierher. Sie brauchen den Lehm, um Salz aufzunehmen und um die Säuren und Giftstoffe der unreifen Früchte und Beeren zu neutralisieren, die sie in den Kronen der Bäume fressen. Ohne den Lehm würden sie sich allmählich vergiften. Sie kennen also dieselbe Medizin, die auch Ärzte als «Heilerde» bei schwachen Vergiftungen oder Übersäuerungen verschreiben – ganz ohne Medizin studiert zu haben!

Manche der Papageien sind völlig an die Forscher gewöhnt, die regelmäßig ihre Bruthöhlen kontrollieren. Sie haben keine Scheu mehr vor Menschen. Als wir zurück zur Forschungsstation gekehrt sind, knurrt uns der Magen, und wir frühstücken erst einmal auf der offenen Veranda. Nach einer Weile hocken sich die ersten rot-gelb-blauen Aras auf das Geländer und warten auf eine Gelegenheit, mit großem Geflatter ein Stück Pfannkuchen oder eine Portion Butter zu stibitzen. Hoch oben in der Sicherheit des Dachgiebels halten sie dann das Butterpäckchen mit dem einen Fuß fest und reißen es mit dem Schnabel auf. Das geht wesentlich einfacher, als die äußerst harten Paranüsse oder die anderen Nüsse zu knacken, die ihre wichtigste Nahrung sind – und schmeckt anscheinend auch! Als wir versuchen, ihnen die Butter wieder wegzunehmen, zwicken sie uns nur in den Finger. Aber wir wissen genau, dass ein Papageienschnabel auch tiefe, blutende Wunden schneiden kann, wenn er ernsthaft zubeißt!

Paranüsse

Die Ashanínka durchstreifen zu Beginn der Regenzeit die umliegenden Wälder auf der Suche nach den Früchten des Brasil- oder Paranussbaumes. Der kraftvolle Stamm dieses riesenhaften Baumes ragt oft über dreißig Meter senkrecht auf, ohne sich zu verzweigen. Erst oberhalb der kleineren Bäume breiten sich seine dichten Äste aus. Seine kokosnuss- und hartholzartigen Früchte fallen als Ganze ab, ohne sich zu öffnen. Die Indios schlagen mit der Machete die obere Spitze ab und schütteln die Samen, die Paranüsse, heraus. Erst im Alter von vierzig bis fünfzig Jahren trägt ein Paranussbaum zum ersten Mal Früchte. Agoutis, die wie eine Kreuzung von Kaninchen und Meerschweinchen aussehen, nagen diese Früchte an und schleifen sie oft fünfzig Meter weit weg. Die Samen, die die Agoutis nicht gleich fressen, vergraben sie, sodass neue Bäume weit entfernt von den alten wachsen.

Damit überhaupt Früchte reifen können, müssen die Blüten von Bienen bestäubt werden. Die Bienen sind eigentlich auf der Suche nach Orchideenblüten. Diese Orchideen wachsen auf den breiten Ästen der Paranussbäume. Wie nebenbei bestäuben die Bienen dabei auch die Paranussblüten. Paranüsse, Agoutis, Orchideen und Bienen gehören also zusammen. Kein Wunder, dass es noch niemandem gelungen ist, Paranussbäume außerhalb des Waldes anzupflanzen. Nur innerhalb des Waldes kann man Keimlinge einsetzen. Alle Paranüsse stammen daher nicht von Pflanzungen, sondern sind von wilden Bäumen gesammelt. Die Ashanínka-Sammler sind gute Waldschützer, die bereit sind, die Bäume und den Wald zu erhalten und gegen Holzfäller, die das edle Holz der Paranussbäume schlagen wollen, zu verteidigen.*

Außerdem pflanzen die Indios neue Paranussbäume an geeigneten Stellen und halten die Stellen um sie herum von Gestrüpp frei, sodass diese auch das Licht erreichen. Sie pflegen also den Regenwald. Vielleicht haben Indios früher den Wald sogar gedüngt und mit Kompost angereichert. An besonders fruchtbaren Stellen finden wir heute Holzkohle in der Erde. Das könnten solche Kompoststellen sein. Noch wissen wir nicht genug über den Regenwald, um dies sicher sagen zu können. Wir müssen ihn erst noch besser kennenlernen! Wer Paranüsse kauft, tut dies vor allem natürlich wegen ihres kräftigen Wohlgeschmacks. Er unterstützt damit aber jedenfalls die Indios und die Waldschützer.

Allerdings sind die Sammler zur Erntezeit oft mehrere Wochen im Wald unterwegs. Traditionellerweise jagen sie sich in dieser Zeit ihr Essen selber: Hirsche, Affen und Vögel. Damit schadet das Sammeln der Paranüsse dem Wald natürlich mehr, als es ihm nützt. Die Betreiber einer Touristenunterkunft hatten eine gute Idee: Wenn die Paranuss-

* Die Paranüsse, die sie in zehn Jahren in einem Waldstück sammeln, sind mehr wert, als wenn sie den Wald gefällt und das Holz verkauft hätten. Es lohnt sich für sie also sehr, den Wald zu erhalten!

Viele hartschalige Paranüsse sitzen in der kugeligen Frucht.

sammler im Wald unterwegs sind, bieten sie ihnen kostenlos von dem Essen an, das sie für die Touristen kochen. Hoffentlich verbreitet sich die Idee!

Einige Indios nutzen nicht nur die Paranüsse des Waldes. Sie zapfen auch Kautschuk. Sie bringen an wilden Kautschukbäumen ihre pfeilförmigen Schnitte an und hängen eine halbe Kokosnuss oder eine Plastikschale darunter. Jede Nacht leeren sie den weißen, klebrigen Saft aus den Schalen. Ein Kautschukzapfer geht eine oder mehrere «Linien» ab, also eine Abfolge von Kautschukbäumen, die natürlich nicht in einer Linie, sondern wild verteilt und in verschiedenen Abständen voneinander wachsen. Heute gibt es nicht mehr sehr viele Kautschuk- oder Gummizapfer. Doch zu Beginn des 20. Jahrhunderts gab es viele Tausende in den Wäldern des gesamten Amazonasgebietes.

Der Kautschuk-Boom

Schon Christopher Columbus berichtete, dass er auf seiner Reise «Indianer»* gesehen habe, die mit Bällen spielten, welche weitaus höher sprangen als alle europäischen. Das Material dazu gewannen sie aus einem weißen Milchsaft, den sie «Cahuchu»** nannten und aus verschiedenen Bäumen nachts abzapften.

Aus einer Probe dieses «Cahuchus», des «Kautschuk», entwickelte ein englischer Chemiker einen Gummi, den er oben auf das Ende eines Bleistiftes setzte. Der erste Radier-«Gummi» war erfunden. Doch der elastische Gummi wurde bei Hitze weich und klebrig. Bei Kälte wurde er hart und brüchig und bröckelte.

Im Jahr 1839 versuchte Charles Goodyear, ein US-amerikanischer Chemiker, den Kautschuk chemisch zu verbessern. Nach vielen vergeblichen Versuchen tropfte ihm versehentlich eine Mischung von «Kautschuk» und Schwefel zischend auf die heiße Herdplatte. Das überraschende Ergebnis war Gummi, wie wir ihn heute kennen: dauerhaft und gleichbleibend elastisch, gut zu formen und zu verarbeiten. Damit war ein ganz neues Material erfunden, das sich als äußerst wertvoller «Schatz» herausstellen sollte.***

J. B. Dunlop****, ein schottischer Tierarzt, ärgerte sich immer wieder über den Krach, den die Metallräder seines Dreirades auf der Straße machten. Er klebte 1888 mehrere dünne Gummiplatten neben- und

* Damals störte sich niemand an der Bezeichnung «Indianer», denn Kolumbus war ja überzeugt, «Indien» entdeckt zu haben.
** Sprich: Kahútschu
*** Goodyear machte viele weitere Erfindungen und meldete zahlreiche Patente an. Er wurde mit Ehrungen überhäuft, unter anderem von Napoleon III. in Paris. Das große Geschäft mit seinen Ideen machten jedoch andere. Er selbst blieb mittellos.
**** Sprich: Dánnlopp. Dunlop verkaufte sein Patent, nach dem auf der ganzen Welt Milliarden Reifen hergestellt wurden. Er wurde aber nicht reich davon. Das Geld verdienten andere.

Links: Die Rinde des Kautschukbaumes muss sehr sorgfältig angeritzt werden – nicht zu flach und nicht zu tief –, dann läuft der Kautschuksaft in die halbe Kokosnuss.

aufeinander und pumpte diese Schläuche mit Luft auf – der erste luftgefüllte Reifen! Ein Jahr später erfand Eduard Michelin in Paris für sein Fahrrad den ersten Reifen mit auswechselbarem luftgefülltem Schlauch, wie wir ihn heute noch kennen. Auf der ganzen Welt wollte man nun aufpumpbare Gummireifen für die Fahrzeuge haben, vor allem für das 1886 von Carl Benz erfundene Automobil. Für die Herstellung der neuen Reifen brauchten die Fabriken riesige Mengen an Kautschuk. 1831 wurden aus dem gesamten südamerikanischen Amazonasgebiet gerade einmal dreißig Tonnen Kautschuk ausgeführt. Im Jahr 1880 waren es schon achttausend Tonnen, zwanzig Jahre später dann 27.000 Tonnen pro Jahr. Das sind eintausend Sattelschlepperladungen!

Woher kamen diese gewaltigen Mengen Kautschuk? Viele Tausende von Gummizapfern liefen jede Nacht «ihre» Linie von Kautschukbäumen ab, sammelten den Milchsaft und erneuerten die Schnitte in der Baumrinde. Den zähflüssigen Milchsaft härteten sie mit einem Stock über einem rauchenden Feuer. Immer wenn er etwas angedickt war, zogen sie eine neue Schicht Milchsaft darüber, bis ein etwa kokosnussgroßer Kautschukball entstanden war.

Wenn sie eine große Menge Kautschukbälle fertig gestellt hatten, fuhren sie mit einem Kanu flussabwärts, bis sie an die nächste Aufkaufstelle kamen, meist mehrere Tagesreisen entfernt. Dort verkauften sie den Kautschuk, kauften Lebensmittel und kehrten zu ihren Linien zurück. Die meisten Gummizapfer lebten allein, ohne Familie, in einer Hütte im Regenwald. Sie bekamen für den Rohkautschuk so wenig Geld, dass sie nie mehr als nur das wirklich Lebensnotwendige kaufen konnten. Egal wie viel Kautschuk sie sammelten und verkauften, blieben sie doch trotz harter Arbeit immer arm.

Ganz anders die «Kautschukbarone», die den Kautschuk aufkauften. Sie wurden reich. Sie lebten üppiger als die Könige, ließen sich mehrstöckige Villen aus edelsten Hölzern bauen, speisten inmitten des Urwaldes teuersten russischen Kaviar auf feinstem Porzellan, tranken französischen Champagner aus geschliffenen Gläsern und ließen sich von zahllosen Angestellten bedienen. In der brasilianischen Kautschuk-Hauptstadt Manaus ließen die Kautschukbarone sogar ein Opernhaus bauen und wollten den damals weltberühmten Tenor Enrico Caruso einladen.

Die Kautschukbarone brauchten für den Anfang dreierlei: viel Geld, gute Kenntnisse über den Kautschuk, seine Verarbeitung und das Amazonasgebiet sowie ein großes Stück Regenwald mit vielen Kautschukbäumen.

Carlos Fitzcarrald

Einer der Kautschukbarone war Carlos Fitzcarrald. Er kam in einer kleinen Stadt hoch in den Anden zur Welt. Sein Vater schickte ihn auf die höhere Schule nach Lima. Dort begann sein vorher ruhiges Leben dramatisch zu werden. Mit sechzehn Jahren wurde er bei einer Messerstecherei so schwer in den Magen gestochen, dass eine Zeitung ihn schon als «tot» vermeldete. Wenig später wurde er auf einer Reise irrtümlich verhaftet und als vermeintlicher Spion zum Tode verurteilt. An dem Morgen, als er erschossen werden sollte, kam der Priester zu ihm in seine Gefängniszelle. Zufälligerweise war es ein Priester aus seiner Heimatstadt. Der erkannte ihn und rettete ihn vor dem sicheren Tod. Carlos Fitzcarrald zog sich daraufhin in den Dschungel zurück, und niemand hörte mehr etwas von ihm.

Elf Jahre später, 1896, erschien er plötzlich in Iquítos mit einer großen Schar von Pira- und Ashanínka-Indios, die ihre traditionellen Cushmas* trugen und mit Pfeilen und Bögen bewaffnet waren. Carlos Fitzcarrald hatte kurz zuvor ein noch unbekanntes Gebiet am Rio Manu mit sehr vielen Kautschukbäumen entdeckt. Doch konnte man den Rio Manu nicht mit einem Boot erreichen, weil weiter flussabwärts gefährliche Stromschnellen den Weg versperrten. Fitzcarrald hatte aber von den Ashanínka gehört, dass es vom schiffbaren Rio Serjali** einen Fußpfad über mehrere Hügel und einen Pass durch den Regenwald bis zum Rio Manu gebe. Carlos Fitzcarrald zog daraufhin mit zweihundert Kautschukzapfern und tausend bewaffneten kriegerischen Pira-Indianern über den Rio Serjali zu diesem Fußpfad und ließ eine zwölf Kilometer lange und zehn Meter breite Schneise über den Pass im Regenwald schlagen. Der Boden der Schneise wurde so gut wie möglich eingeebnet. Nach zwei Monaten war die Schneise fertig. Fitzcarrald fuhr mit seinem

---

* Die Cushma ist das traditionelle lange, baumwollene Gewand, das bei den Shipibo nur noch der Schamane trägt (siehe Foto S. 66). Man kann sich nur wundern, dass die Ashaninka im heißen und feuchten Regenwald ein solch unpraktisches Gewand tragen. Im kalten Hochland der Anden ist es hingegen ein sehr praktisches Kleidungsstück, vor allem in der abendlichen und morgendlichen Kälte. Wahrscheinlich haben es die Ashaninka von den Inkas des Hochlandes übernommen. Die Pira hingegen sind bis auf einen winzigen Schurz fast nackt. Das ist viel praktischer, wenn sie im Regenwald jagen oder mit Pfeil und Bogen Fische erlegen.

** Sprich: Serchái mit «ch» wie in «Dach»

Fitzcarralds Schiff

Dampfboot «Contamane» über den Rio Serjali bis an die Schneise heran. Dort ließ er sämtliche Aufbauten des Schiffes abmontieren und verlud sie auf Maultiere und Indioträger. Den Schiffsrumpf mussten Hunderte Indios mit Seilen und hölzernen Winden die Schneise, die Hügel und den Pass hinaufziehen. Das ging nur zentimeterweise. Nach vier Wochen waren sie auf der anderen Seite des Passes, am Rio Manu, angelangt und bauten die «Contamane» wieder zusammen.

Mit über tausend Ashanínka- und Pira-Indianern in ihren Kanus fuhr Carlos Fitzcarrald nun im Triumph den völlig unerforschten Rio Manu abwärts. Doch nach wenigen Tagen wurden sie von den einheimischen Mashco-Indianern mit Pfeilen angegriffen. Fitzcarrald entsandte seine Pira-Indios mit Gewehren, tötete über dreihundert Mashco, verbrannte die Dörfer und Felder und zerstörte die Kanus. Außerdem nahmen sie zahlreiche Indios als Sklaven mit, die für ihn später Kautschuk sammeln mussten. In vier Wochen hatte er die Indianer der Region besiegt.

Doch im nächsten Jahr, im Alter von nur fünfunddreißig Jahren, fuhr er wieder auf einem Dampfboot mit seinem Geschäftspartner Vaca Diez den Rio Urubamba abwärts, als auf einmal die eiserne Steuerkette riss und das Schiff steuerlos auf die Stromschnellen zutrieb. Vaca Diez wurde ins Wasser geschleudert. Carlos Fitzcarrald war ein kräftiger Mann und ein guter Schwimmer und wollte ihn retten. Erst Tage später wurden beide, tot an das Ufer gespült, aufgefunden. Noch im Tode hielt Carlos seinen Geschäftspartner rettend umklammert.

Für manche Menschen war Carlos Fitzcarrald ein Held, der mit unglaublicher Energie, Kraft und Organisationsfähigkeit Tausende Menschen leiten konnte und auf eigene Faust einer der reichsten Männer wurde. Für die anderen war er ein skrupelloser Draufgänger und Zerstörer der indianischen Kulturen, der von der Ausbeutung seiner Arbeiter lebte und nur sein eigenes Wohl im Sinn hatte. Vielleicht stimmt ja beides.

Das Ende des Booms

Es war bei Todesstrafe verboten, auch nur einen einzigen Samen oder eine einzige Jungpflanze des Kautschukbaumes aus Südamerika fortzubringen. Doch schon 1876 tarnte der Engländer Henry Wickham siebzigtausend Samen als Orchideensamen und schmuggelte sie in einem todesmutigen Unternehmen nach London. Im dortigen botanischen Garten zogen die Gärtner zweitausend Jungbäume heran. In England wuchsen die kleinen Kautschukbäume nur im Glashaus. Doch die Engländer verschifften sie nach ihrer südostasiatischen Kolonie Malaysia und pflanzten sie dort auf großen Plantagen aus. Aus den Plantagenbäumen ließ sich der Kautschuk viel leichter und billiger gewinnen als in der Wildnis der Amazonaswälder. Der Kautschukpreis sank.

Die Kautschukbarone Amazoniens konnten ihren Kautschuk nur noch zu sehr schlechten Preisen verkaufen. Die Gummizapfer verließen ihre Linien. Heute wird ein großer Teil des Kautschuks synthetisch aus Erdöl hergestellt. Es gibt nur noch wenige Gummizapfer. Doch heute haben sie – anders als früher – noch eine weitere Aufgabe. Wie die Paranusssammler kennen auch die Gummizapfer «ihren» Wald und schützen ihn vor der verbotenen Abholzung. Die Tochter eines Gummizapfers wurde sogar Umweltministerin Brasiliens und versuchte so den Wald auch politisch zu schützen!

Wilderer und «wilde» Indianer

Die Nationalparks und Naturreservate umfassen nur einen kleinen Teil des Amazonasgebietes von Peru. Der größere Teil ist ungeschützt und wird immer mehr abgeholzt. Trotzdem sind auch die Nationalparks viele Quadratkilometer groß. Sie sind nur schwer zu erreichen, da es keine Straßen gibt und die Flüsse durch Posten kontrolliert werden. Es sind die einzigen Gebiete, in denen Papageien, Jaguare und Ozelots, aber auch Tapire und Anakondas* wirklich geschützt sind.

Doch selbst hier dringen Wilderer ein. Das ist zwar verständlich, denn sie haben oft nicht einmal genug für das tägliche Essen. Arabische Scheichs hingegen besitzen so viel Geld, dass sie fast jeden Preis für ei-

---

* Die olivbraun gemusterte Anakonda wird bis zu neun Meter lang und so breit wie ein erwachsener Mann. Sie lebt in den größeren Flüssen und ernährt sich von Capybaras, Leguanen und Kaimanen, die sie umschlingt und erdrosselt. Sie flüchtet meist vor dem Menschen. Wenn man sie aber reizt, greift sie an!

nen Papagei bezahlen. Neunzigtausend Dollar sollen kürzlich für einen der besonders seltenen Blaukopfaras von einem Scheich geboten worden sein. Das ist schon bei uns sehr viel Geld. Doch in Peru reicht diese Summe fast für ein ganzes Leben lang aus. Aber wenn die Papageien nicht vor den Wilderern geschützt werden, werden sie bald ausgerottet sein – wie jetzt schon der brasilianische blaue Spix-Papagei.

Im Jahre 2007 drangen illegale Holzfäller unbemerkt in ein abgelegenes Gebiet des Regenwaldes ein. Als sie am Abend ihr Lager aufschlagen wollten, wurden sie überfallen und mit Pfeilen beschossen. In Panik flüchteten sie und ließen dabei zwei Tote zurück. Als sie am nächsten Tag mit der Polizei zurückkamen, waren von den beiden Toten säuberlich Köpfe, Arme und Beine abgetrennt worden – eine grausige und überdeutliche Warnung, die jeder versteht! Niemand war zu sehen. Bei einem Hubschrauberflug über den umliegenden Wald fotografierte die Polizei jedoch auf einer Lichtung eine Gruppe fast nackter Indios. Diese flüchteten nicht, sondern schossen ihre Pfeile auch auf den Polizeihubschrauber – von dem sie natürlich abprallten.

Woher kamen diese wilden Indios? Es waren keine Felder und Dörfer in der Nähe zu sehen. Offenbar haben diese Indios keine festen Siedlungen, sondern wandern als Nomaden ohne festen Wohnsitz durch den Regenwald. Vielleicht bauen sie nicht einmal Mais oder Maniok an, sondern leben nur davon, dass sie Tiere jagen, Fische mit Pfeil und Bogen erlegen und Wurzeln und Früchte sammeln.

Genauso lebten ja alle Menschen, die während der letzten Eiszeit vor etwa zwanzigtausend Jahren von Asien über die zugefrorene Beringstraße nach Amerika einwanderten und sich von Alaska bis Feuerland an den unterschiedlichsten Stellen Amerikas niederließen. Die meisten wurden wirklich ansässig und bauten feste Siedlungen. Aber für einige hörte die Wanderung nicht auf. Sie wanderten weiter und weiter – und wandern noch heute immer weiter ...

Der Papagei gehört zur Familie und bekommt sein Essen zusammen mit dem Hühnchen.

Die peruanische Regierung entschied daraufhin klugerweise, keinen Kontakt mit diesen Indios aufzunehmen, wenn sie es nicht selber wollten. Außerdem erklärte sie jenen Teil des Regenwaldes zum geschützten Nationalpark.

Niemand weiß daher, zu welchem Stamm diese Indios gehören und welche Sprache sie sprechen. Vielleicht hatten sie vorher noch nie Begegnungen mit der westlichen Zivilisation gehabt. Vielleicht aber hatten ihre Vorfahren bereits solche Kontakte gehabt. Dann haben sie sicher niemals aufgehört zu erzählen, mit welcher Grausamkeit die Weißen die Indios gejagt und wie sie sie für das Kautschuksammeln versklavt und umgebracht haben. Sie werden erzählt haben, wie tödliche Krankheiten von diesen Weißen ausgingen, die oft ein Viertel oder ein Drittel eines Stammes auslöschten. Vielleicht haben sie auch erzählt, mit welcher Verachtung sie behandelt wurden, wie sie als «nackte Affen» beschimpft wurden, wenn sie in ihrer traditionellen Kleidung tatsächlich einmal eine Siedlung betraten. Oder sie haben von der Gewalt erzählt, mit der Ölbohrfirmen sie aus ihrem Gebiet vertrieben haben.

Falls ihnen auch nur einige dieser Gräueltaten erzählt wurden, dann ist es nur allzu verständlich, dass sie diese gefährlichen Weißen auf jeden Fall von ihrem Gebiet fernhalten müssen! Und für die Papageien sind sie der beste Schutz!

Flussabwärts: Goldgräber

In der Nacht hat es nur eine Stunde lang heftig geregnet. Prompt ist der Wasserstand des Flusses um einen Meter gestiegen. Für die Rückfahrt von den Papageien des Tambopata-Nationalparks ist das gut geeignet. So rauscht das Boot über die flachen Stromschnellen hinweg, ohne aufzusetzen. Aber unser Bootsführer muss heute auf die im Wasser treibenden Äste und Stämme besonders achten.

Je weiter wir flussabwärts kommen, desto öfter sehen wir Goldgräber. Einer schaufelt Sand aus dem Fluss in eine große Schüssel mit flachen Rändern. Der andere lässt Wasser hineinlaufen und schwenkt die Schüssel in kreisenden Bewegungen gerade so stark, dass die leichteren Sandkörner über den Rand gespült werden. Die schwereren Goldflitter bleiben glänzend am Boden liegen.

Andere haben sich aus Stämmen eine Art Waschanlage gebaut. Sie schaufeln den Sand hoch auf ein Gestell und pumpen mit einer benzingetriebenen Pumpe Wasser aus dem Fluss hinauf. Das Wasser spült den Sand über ein schräg aufgestelltes Brett, das mit einem vliesartigen Stoff bezogen ist. Die runden Sandkörner rutschen darüber hinweg, während die Goldflitter darin hängen bleiben.

Alle hinterlassen eine Wolke von aufgewühltem Schlamm und Schlick, die sich weit flussabwärts zieht. Muscheln, Krebse und Fische können in diesem trüben Wasser nicht leben. Sie ersticken.

Die gewonnenen Goldflitter sind oft noch fest verbunden mit Sand oder Gesteinsbrocken. Die Goldsucher gießen flüssiges Quecksilber über beides. Das Gold löst sich im Quecksilber, der Sand nicht. Dann erhitzen sie die Quecksilber-Gold-Lösung, bis das Quecksilber ganz verdampft ist und das reine Gold allein zurückbleibt. Das verdampfte Quecksilber ist aber natürlich nicht verschwunden. Es regnet als feinste Tröpfchen wieder aus, sammelt sich im Fluss und vergiftet die Fische. Wenn Menschen die Fische essen oder das Wasser trinken, vergiften sie sich ebenfalls. Es fallen ihnen die Haare aus. Die Haut wird gefühllos. Arme und Beine werden gelähmt. Ein Viertel Gramm Quecksilber wirkt bereits tödlich.

Die im Wald lebenden Indios sind am schlimmsten von der Vergiftung betroffen. Sie haben kein anderes Wasser als das Flusswasser.

Deswegen dürfen die Goldsucher eigentlich kein Quecksilber verwenden. An manchen Stellen ist es ganz verboten, Gold zu schürfen. Doch der nächste Polizeiposten ist weit weg und kann nicht das ganze große Gebiet kontrollieren.

Häuser und Siedlungen

Viele Goldsucher leben allein. Sie haben sich aus ein paar Holzstangen ein Gestell gezimmert und eine wasserdichte Plane darübergeworfen. Wenn sie an einer Stelle nicht mehr genug Gold finden, reißen sie alles ab und suchen sich eine neue Stelle.

Wer Bananen, Orangen oder Maniok anbaut, hat sich für viele Jahre oder ein ganzes Leben niedergelassen und sich ein solides Haus ganz aus Holz gebaut. Die Häuser stehen auf stabilen Holzstelzen. Selbst bei den jährlichen Überschwemmungen bleiben die Häuser trocken. Die Holzstelzen verhindern aber auch, dass Treiberameisen eindringen und in riesigen Heerscharen das Haus durchwandern.

Glasfenster gibt es nicht. Jeder ist froh, wenn der Wind hindurchweht und ein bisschen Kühlung bringt. Holzgitter und Moskitodraht genügen. Fast das Wichtigste ist eine große Veranda, in deren Schatten die Hängematten hängen. Hier kann man den heißesten Teil des Tages angenehm verbringen. Die Küche liegt auf der Rückseite, ebenfalls auf einer Veranda, so dass man das Abwasser gleich über die Brüstung nach draußen schütten kann.

Das Wasser aus dem Fluss muss man abkochen. Nur wer sich eine Pumpe und einen Elektrogenerator leisten kann, kann auch sauberes Grundwasser aus dem Boden hochpumpen. Gekocht wird mit Holz. Das ist aber oft vom Regen nass. Teurer ist ein Gaskocher. Die leeren

Gasflaschen muss man dann immer mit dem Boot in die Stadt bringen und gegen volle austauschen. Da es keinen elektrischen Strom gibt, gibt es auch abends kein elektrisches Licht, keinen Ventilator, aber auch kein Fernsehen, kein Radio und kein Telefon. Nicht einmal die Handynetze reichen bis hierher.

Die Städte

Die Amazonasregion Perus ist ungefähr dreimal so groß wie Deutschland. Aber es gibt nur drei Städte: Iquítos*, Pucallpa und Puerto Maldonado.

Iquítos war das Zentrum des Kautschukbooms. Viele Kautschukbarone und Geschäftsleute haben hier ihre prächtigen Villen gebaut, die auch heute noch stehen. Iquítos ist mit fast einer halben Million Einwohner die größte Stadt der Welt, in die keine einzige Straße führt. Man kann Iquítos nur per Schiff oder heute per Flugzeug erreichen. Von Pucallpa, der nächstgelegenen Stadt, fährt die große Fähre drei bis fünf Tage, je nach Wasserstand. Man braucht hier viel Zeit!

Pucallpa ist im 21. Jahrhundert von zwei- auf siebenhunderttausend Einwohner gewachsen. Das sind so viele Einwohner wie in Frankfurt am Main. Doch darf man sich hier keine Stadt mit Hochhäusern, eleganten Geschäftsstraßen und jahrhundertealten Steinhäusern am Markt vorstellen. Zwar gibt es im Zentrum auch einen rechteckigen Platz mit Betonkirche, der, wie in allen peruanischen Städten, «Plaza de Armas», also «Waffenplatz», heißt. Aber das eigentliche Leben findet nicht dort, sondern am Hafen statt. Auch hier darf man sich keine festen steinernen Kaimauern und Molen oder klar abgegrenzte

---

* Sprich: Ikítoss

Im Hafen von Pucallpa legen Hunderte von Booten und Schiffen an.

Hafenbecken wie in Hamburg vorstellen. Der Hafen besteht einfach nur aus dem schlammigen, schräg ansteigenden Ufer des Rio Pachitea*, das sich über mehrere hundert Meter erstreckt.

Hier landen die Frachtschiffe, die gesägtes Holz aus den Regenwäldern transportieren. Hier landen aber auch die Flöße an, die aus ganzen Regenwaldstämmen zusammengefügt sind. Ein Kran hievt die mächtigen Stämme aus dem Wasser und sofort auf Lastwagen, die sie ins Sägewerk fahren.

Dutzende von Schiffen löschen gleichzeitig ihre Holzfracht. Die Lastwagen fahren direkt über den Schlamm an die Schiffe heran. Hunderte von Trägern entladen die rotbraunen Balken oder das fertig geschnittene Sperrholz auf die Sattelschlepper. Pucallpa war bis vor

* Sprich: Patschitéa

In Pucallpa wird das Holz des Regenwaldes umgeladen.

Kurzem die einzige Regenwaldstadt Perus, die mit einer Asphaltstraße mit dem übrigen Peru verbunden war. Die Lastwagen bringen das Holz also direkt über das Hochgebirge der Anden bis in die Hauptstadt Lima. Da Lima einen sehr großen Hafen am Pazifischen Ozean hat, kann das Holz von hier aus direkt weiter nach Japan oder Australien verschifft werden. Das wertvolle Regenwaldholz gelangt so in alle Welt – doch der Regenwald verschwindet mit jedem Baum etwas mehr.

Auch die großen Fähren nach Iquítos legen hier an. Fünf bis sechs Stockwerke sind ihre Aufbauten im hinteren Schiffsteil hoch. Vorne sind sie flach. Da passen mehrere Autos und sogar Lastwagen darauf. Alles, was Iquítos aus dem restlichen Peru braucht, wird hier auf die Fähre verladen: Säcke mit Kaffee, Zucker, Milchpulver, Stapel von T-Shirts, selbst ein ganzer Kühlwagen mit Eis am Stiel.

Der Hafen bringt viel Arbeit, bezahlte Arbeit für viele. Nicht nur die Schiffe müssen be- und entladen werden. Die Holzgeschäfte und Banken brauchen Rechtsanwälte, Notare und Buchhalter. Viele junge Peruaner sind deshalb nach Pucallpa gezogen. Ihre Häuser haben sie schnell aus Holzbrettern gebaut. Wer weiß, ob sie nächstes Jahr noch hier sein werden? Wenn der Regenwald abgeholzt sein wird, wird es für die meisten keine Arbeit mehr geben. Die Familien der ärmsten Hafenarbeiter haben sich aus Abfallholz im Hafengelände ein Gestell gebaut und eine Plane darübergeworfen. Mit weiterem Abfallholz kochen sie ein paar Fische vom Fluss als Mittagessen. Sie könnten jederzeit aufbrechen und an einen anderen Ort ziehen.

Die Sonne sticht. Die feuchte Hitze wäre kaum auszuhalten, wenn nicht immer ein frischer Wind bliese. Nach mehreren Stunden Arbeit liegen die Hafenarbeiter völlig verschwitzt im Schatten eines Lastwagens auf dem schlammigen Boden. Dazwischen spazieren die schwarzen Rabengeier furchtlos und dreist umher und suchen nach Abfällen.

Es wuselt, brummt und knattert im Hafen. Reisende suchen ein Schiff, das sie flussabwärts nach Iquítos fährt. Ein Krankenhausschiff bringt Patienten in das Krankenhaus von Pucallpa. Ein leckgeschlagenes Frachtschiff wird in ein schwimmendes Dock gezogen und soll dort repariert werden. Schmale Passagierboote bringen grüne Kochbananen und Berge von Reis. Der wird dann in den Straßen von Pucallpa ausgebreitet, in der Sonne getrocknet und im Lagerhaus gespeichert.

Ein Bootsbauer zimmert gerade eine große, schwere Planke an den Kiel und den nach vorne ragenden Bugspriet. Noch immer werden die kleinen und mittleren Boote und Schiffe aus dem dauerhaften und widerstandsfähigen Holz der Regenwälder gebaut.

Gleich hinter dem Hafengelände pulsiert das trubelige Leben der Hafenstadt. Ein paar bunt gestrichene Holzbuden dienen als Küchen. Sie sind zum Flussufer hin schon schief geneigt und sehen so aus, als

Das Krankenhausschiff hilft dort, wo es keine anderen Ärzte gibt.

ob sie bald abstürzen werden. Winzige Stühlchen an ebenso winzigen Tischchen drängen sich im Inneren und halb auf die Straße. Hier frühstücken die Hafenarbeiter: Hühnersuppe mit gebratenen Bananen, einen Berg Reis mit frittierten Kartoffeln und Fisch – dazu ein Glas Fruchtsaft oder eine gelbe Inka-Cola. Das kräftigt nach den ersten Stunden Arbeit!

Die Straße nebenan besteht nur aus einer Abfolge von wassergefüllten Schlaglöchern im Schlamm. Einen halben Meter neben uns hämmert ein Wagenbesitzer lautstark Holzlatten auf seinen Motorradanhänger. Zwei Meter weiter drängen sich knatternde Motorradtaxis zwischen den zahlreichen Menschen hindurch. Sie bringen Bananenbündel oder Reissäcke vom Hafen zum Markt.

Bei einem Motorradtaxi sitzt der Fahrer vorne auf einem normalen Motorrad. Doch statt des einen Hinterrades ist eine Achse mit zwei Rädern montiert, mit einer breiten Sitzbank darüber, auf der zwei oder – etwas gequetscht – auch mehr Passagiere sitzen können. Ein Stoffdach schützt vor der allzu intensiven Sonne. Beim Fahren weht immer ein angenehmer, leichter Fahrtwind und trocknet den reichlich fließenden Schweiß. In einem geschlossenen Auto wäre es kaum auszuhalten! Außerdem sind diese Taxis wendiger, flinker und billiger. Motorradtaxis knattern deshalb zu Tausenden lautstark durch alle Straßen Pucallpas. Sie stehen an jeder Straßenecke oder fahren auf der Suche nach Passagieren umher. Sie gehören wie die feuchte Hitze einfach zu Pucallpas quirligem Leben dazu.

Puerto Maldonado war bis in das Jahr 2011 mit dem übrigen Peru nur über eine Schlammpiste verbunden. Doch jedes Jahr in der Regenzeit weichten andauernde schwere Regengüsse den Schlamm auf. Die Straße war dann tagelang gesperrt, und die Stadt war mit Autos nicht erreichbar. Die einzige Verbindung war dann die Schiffsroute nach Bolivien und Brasilien über den breiten Rio Madre de Dios. In Puerto Maldonado lebten die Einwohner abgeschieden vom übrigen Peru und von der übrigen Welt.

In Puerto Maldonado steht am Eingang zur Stadt ein Denkmal mit der Inschrift: «dem unbekannten Goldsucher». Denn Puerto Maldonado ist eine Goldgräberstadt. Die fünfzigtausend Einwohner sind fast alle Goldgräber mit ihren Familien. Und es werden immer mehr. Denn im Sand des Rio Tambopata und des Rio Madre de Dios gibt es noch viele Goldflitter. Reich wird zwar niemand bei der Goldsuche. Aber im Jahr 2011 war das Gold so teuer wie nie zuvor. Viele Goldsucher verdienen fünfmal so viel wie ein Bauer. So kamen viele Arbeitslose auf der Suche nach einem besseren Leben nach Puerto Maldonado.

Leider wühlen diese vielen Goldsucher nicht nur Sand und Schlamm

Der Markt von Pucallpa strotzt von Früchten des Regenwaldes.

der Flüsse auf. Viele graben und baggern auch mitten im Regenwald den Boden auf. Sie schaufeln die Erde auf ein Gestell und pumpen Wasser darüber. Anschließend leiten sie das lehmig-sandige Abwasser in den benachbarten Wald. Die Bäume vertragen diese dicke Lehm-Sandschicht aber nicht und sterben ab. So zerstören die Goldsucher immer größere Regenwaldflächen. Manche dieser kahlen, toten Löcher sind schon über tausend Meter lang.

Im Jahre 2011 wurde in Puerto Maldonado eine Brücke eröffnet, nicht irgendeine Brücke, sondern die größte und längste Brücke Perus. Sie ist über siebenhundert Meter lang und führt über den Rio Madre de Dios. Auf der anderen Seite soll die Straße weiter nach Bolivien und Brasilien gehen und bis an den Atlantik führen. Auch die Verbindungsstraße nach der peruanischen Seite, nach Lima, ist völlig neu gebaut und asphaltiert worden. Wenn auch die bolivianische Seite fertig sein wird, können Autos und Lastwagen also zum ersten Mal auf dieser «Interoceanica del Sur» vom Pazifik zum Atlantik durchfahren.

Die neue Brücke und die «Interoceanica del Sur» werden die Bewohner Puerto Maldonados mit dem übrigen Peru und der übrigen Welt zuverlässiger verbinden. Über sie wird jeder diese bisher so völlig abgelegene Region leichter erreichen können – die Händler, die Goldsucher, die Wilderer und auch die Besucher und Naturschützer, die diese Amazonasregion mit ihren «wilden» Indianern, dem Jaguar und den Papageien erhalten wollen.

Das Bergland der Anden

Wer von Puerto Maldonado in die Hauptstadt Perus, nach Lima, fahren will, braucht selbst auf der neuen, gut ausgebauten Straße sechsundzwanzig Stunden. Etwa nach einem Drittel der Strecke, nach neun Stunden, erreicht man Cuzco*, die alte Hauptstadt des Inkareiches. Wer abends den Nachtbus in Puerto Maldonado bestiegen hat und am nächsten Morgen in Cuzco aufwacht, findet sich in einer völlig anderen Welt wieder. Statt der feuchten, umhüllenden Wärme der Amazonasregion kneift und beißt ihn hier der frühmorgendliche Frost ins Gesicht. Statt des saftigen, lebensvollen Grüns umgibt ihn hier trockenes, staubiges Gelb-Braun. Statt auf strotzende Regenwaldbäume trifft der Blick auf abgeerntete, braune Feldchen, die von staubüberzogenen kleinen Hecken umgeben sind. Der im Regenwald saftig-blaue Himmel wirkt hier im Bergland kristallklar und trocken-blau.

Der Blick schweift über Berg- und Hügelzüge. Diese tragen Farben wie der Braunteil eines lange nicht mehr benutzten, etwas verstaubten Aquarellmalkastens: verschiedene Ockerfarben, gebrannte Siena- und Umbratöne.

Wer jetzt mit Schwung seinen Rucksack aufsetzt oder seinen Koffer nimmt, um ihn eine der unzähligen Treppen oder steilen Gassen hinaufzutragen, wird sich wundern. Das Herz klopft viel schneller als gewohnt, und man kann kaum so schnell atmen, wie nötig wäre. Cuzco liegt 3300 m über dem Meeresspiegel. Das sind tausenddreihundert Meter mehr als das höchstgelegene Alpendorf und mehr als dreihundert Meter höher als der höchste Berg Deutschlands, die Zugspitze (2963 m). In dieser Höhe liegt in den Alpen oft schon ewiges Eis. Hier

---

* Sprich: Kússko

ist die Luft so dünn, dass mit einem Atemzug viel weniger Sauerstoff als normalerweise in die Lungen gelangt. Deshalb muss man tiefer und schneller atmen. Das Herz muss schneller schlagen, um das Blut schneller zu verteilen. Manch einem Ungeübten wird plötzlich schwarz vor Augen. Er wird ohnmächtig und fällt um, weil er nicht genügend Sauerstoff bekommt. Man sollte sich nur langsam bewegen. Dann stellt sich der Körper nach drei Tagen etwas um. Doch erst nach drei Wochen hat der Körper so viel neues Blut gebildet, dass es auch für die dünne Luft genügt.

Wie kommt es, dass ausgerechnet hier, in dieser extremen Höhe, die Inkas ihre Hauptstadt gründeten? Dazu erzählen die Nachfahren der Inkas selbst noch heute folgende Geschichte: Der Sonnengott Inki, der höchste aller Götter, blickte eines Tages auf die Erde und stellte fest, dass die von ihm geschaffenen Menschen jemanden bräuchten, der sie führe. Daher erschuf er den ersten Inka* und seine Gattin auf der Sonneninsel im Titicacasee. Er gab dem Inka einen goldenen Stab und schickte die beiden auf Wanderschaft. Sie sollten sich dort niederlassen, wo sie den goldenen Stab so weit in die Erde schieben könnten, bis er völlig verschwände. Die erste Stelle, an der die Erde so locker und fruchtbar war, dass der goldene Stab darin verschwand, nannten sie Cuzco**. Das war im zwölften Jahrhundert. Seitdem ist Cuzco ununterbrochen bewohnt und ist damit die älteste dauerhaft bewohnte Stadt Amerikas.

Der Inka gründete die Stadt mit einem völlig einmaligen Grundriss, nämlich dem eines Pumas, eines Berglöwen, der damals das stärkste und gefährlichste Tier der Anden war. Den Kopf mit den mächtigen Zahnreihen bildete die erhöht liegende Festung, die mit gewaltigen

---

* Das Wort Inka bezeichnet eigentlich nur den König. Es wurde später auch für das ganze Volk und die Periode seiner Kultur verwendet.
** Übersetzt: Nabel. Für die Inkas war und ist Cuzco der Nabel der Welt.

Der Grundriss von Cuzco ist wie ein Puma angelegt.

Mauern die Stadt Cuzco vor Angriffen schützte. Sie war von unterirdischen Tunneln durchzogen, sodass sich die Bewohner bei Gefahr ungesehen in die Festung flüchten konnten. Das Herz bildete der zentrale Platz mit den Tempeln und Palästen des Inka. Den Körper des Pumas bildeten die Wohnhäuser der Stadt. An der Stelle des Solarplexus (= Sonnengeflecht) lag der Sonnentempel, der wichtigste Tempel des Inka. Am Körperende des Pumas entsprang eine starke Quelle, deren Wasser den Fluss speist.

Diese Pumaanlage ist die heutige Altstadt Cuzcos. Hier ist alles im Schachbrettmuster und aus Stein gebaut: Straßen und Bürgersteige sind mit massiven Steinwürfeln gepflastert. Die Häuser gründen auf soliden Felsquadern. Viele sind bis unter das Dach vollständig aus Stein gebaut. Für die Paläste des Inka verwendete man besonders große

Felsblöcke. Sie wurden nicht in Form eines Quaders behauen, sondern haben unregelmäßige Formen mit bis zu vierzehn Seitenflächen. Die größten Steine bilden die Eckpfeiler der Festung Cuzco. Manche sind über acht Meter hoch und fünf Meter breit und wiegen über zweihundert Tonnen. Sie wären heute selbst mit einem Sattelschlepper nicht zu transportieren. Vor sechshundert Jahren haben sie über zehntausend Arbeiter mit Seilen den Weg vom tiefer liegenden Steinbruch hinauf auf die Festung geschleppt. Erst dort wurden seine Kanten so weit behauen, dass sie nahtlos und ohne Mörtel an die Kanten des nächsten Steines passten. Niemand kann sich heute vorstellen, wie die Arbeiter so genau gearbeitet haben!

So organisiert und planmäßig wie die Inkas ihre Hauptstadt bauten, so organisierten sie auch ihr weit ausgedehntes Reich. Ohne Telefon, Fernsehen, ohne Autos, Eisenbahnen, ja selbst ohne Pferde mussten sie doch sehr schnell wissen, was wo in ihrem riesigen Land geschah, und mussten Befehle schnell dorthin bringen. Dafür bauten sie Straßen. Von Cuzco aus führten vier Straßen in die vier Himmelsrichtungen in alle Regionen des Landes. Die Hauptroute war eine viertausend Kilometer lange Straße parallel zur Küste. Eine fünftausendzweihundert Kilometer lange Straße führte parallel dazu durch das Hochgebirge der Anden. Dazwischen gab es zahlreiche Verbindungsstraßen. Sie wanden sich über schneebedeckte Pässe, durch schmale Täler mit senkrechten Felswänden, oberhalb von reißenden Flüssen entlang, über Hängebrücken, die aus Gräsern geflochten waren, sowie zwischen landwirtschaftlichen Terrassen mit steinernen Stützmauern durch alle Teile des Landes.

Die Inkas kannten zwar das Rad als Zeichen für die Sonne und benutzten es auch für die Maße des Sonnentempels. Für den Transport auf einer schmutzigen Straße war es ihnen aber zu heilig. Sie bauten und verwendeten keine Räder und Wagen. Stattdessen richteten sie entlang jeder Straße im Abstand von dreitausend bis achttausend Meter Stationen ein. Dort warteten Schnellläufer, die eine Nachricht im Sprint zur nächsten Station brachten, wo sofort der nächste Läufer losspurtete. Die Nachrichten waren ein Bündel aus Schnüren, in die verschiedenartigste Knoten geknüpft waren. Die Abfolge verschiedener Knoten in Fäden von unterschiedlicher Farbe und Dicke war die Schrift. Diese war sicher sehr schwer zu lernen. Die Schriftkundigen waren sehr angesehen.

Entlang aller Straßen errichteten die Inkas Lagerhäuser, in denen sie Lebensmittel wie Mais, Bohnen und Quinoa* aber auch warme wollene Kleidung lagerten. In Hungerszeiten oder bei Kälteeinbrüchen konnten sie die Läufer überall schnell hinschicken und Hilfe bringen.

Die Eroberung

Im Jahr 1525 fühlte der Inka Huayna Capac seinen Tod herannahen. Er vermachte das Land Peru nicht, wie bisher, *einem* Sohn als Erben, sondern seinen beiden Söhnen Huascar und Atahualpa. Huascar bekam den nördlichen Teil des Landes mit Quito als Hauptstadt vererbt, Atahualpa den südlichen Teil mit Cuzco als Hauptstadt. Aber die beiden Brüder verstanden sich schlecht. Fünf Jahren lang lebten sie in Frieden, doch dann stritten sie sich und fingen schließlich an, einen Krieg gegeneinander zu führen. Im Jahr 1532 hatte Atahualpa in einer heftigen Schlacht Huascar besiegt. Anschließend ließ er die ganze königliche Familie ermorden, über dreihundert Männer, Frauen und Kinder. Denn danach gab es keine Verwandten aus der königlichen Familie mehr. Niemand konnte mehr Ansprüche auf die Herrschaft über beide Teile des Reiches machen.

---

* Sprich: Kinúa. Quinoa bildet kleine Körner, die Getreide ähnlich sehen. Es ist ein wichtiges Nahrungsmittel in den Anden.

In diesen Jahren blieb der Regen aus. Die Ernte fiel aus. Es fehlte an Essen. Atahualpa achtete in dieser Zeit nicht darauf, dass ein kleiner Trupp Fremder mit einem Schiff an der Küste angelegt hatte und nun in Richtung der Hauptstadt Cuzco durch das Gebirge zog. Seine Kundschafter berichteten ihm zwar, dass die Fremden ganz in glänzendes Metall gekleidet seien. Außerdem säßen sie auf unbekannten, großen Tieren. Doch erst, als die Fremden fast ungehindert bis auf wenige Tagesreisen an Cuzco herangerückt waren, sandte ihnen Atahualpa einen Botschafter entgegen.

Die Fremden ließen dem Inka ausrichten, dass sie ihn zu sprechen wünschten. Atahualpas Antwort war, dass sie sich in Cajamarca* einquartieren sollten. Sein eigenes Lager befinde sich nur wenige Kilometer entfernt. Der Botschafter hatte Atahualpa berichtet, dass es sich nur um eine kleine und wahrscheinlich wenig gefährliche Gruppe von Fremden handele. Und so ließ sich der Inka auf die Einladung zum Gespräch ein. Er ließ den Fremden ausrichten, dass er sie am nächsten Tag besuchen werde. Atahualpa hatte ein Gefolge von fünfzigtausend Mann um sich. Sein Plan war, zu erkunden, was die dreisten Eindringlinge vorhatten, und sie dann kurzerhand zu töten.

Wer waren diese Fremden? Den Bewohnern Perus erschienen sie ganz und gar ungewöhnlich: groß, hellhäutig und mit gewaltigen Bärten, wie sie kein Inka hatte. Dazu waren sie in blinkende Rüstungen gekleidet, und viele saßen auf Pferden. Solche Tiere hatten die Inkas noch nie gesehen. Waren das vielleicht die hellhäutigen, bärtigen Götter, die ihnen einmal verkündet worden waren?

Nein, die Fremden hatten ganz irdische Ziele. Sie stammten fast alle aus alten spanischen Adelsfamilien, waren aber verarmt. Alles, was sie jetzt suchten, waren Geld und Reichtum, mit dem sie wieder in ihre Heimat Spanien zurückkehren wollten. Francisco Pizarro und Diego

* Sprich: Kachamárka (mit einem «ch» wie in «Dach»)

de Almagro waren ihre Anführer. Die beiden hatten in Panama von dem angeblich unermesslich reichen Land Peru erzählt – und das, obwohl beide dieses Land noch nie gesehen hatten. Sie suchten Miteroberer. Daraufhin hatten sich einige Männer eingefunden und waren auf zwei Segelschiffen von Panama nach Süden, der Küste entlang, bis Peru gefahren.

Der spanische König hatte ihnen das Recht erteilt, in seinem Namen das Reich Peru zu erobern und von den eroberten Schätzen ein Zehntel, vom erbeuteten Gold ein Zwanzigstel zu behalten. Alles andere sollte an das spanische Königreich fallen.

Jetzt also wollte dieses kleine Grüppchen – einhundertachtzig verwegene Männer auf ein paar Pferden – ein Reich erobern, das so lang war wie Europa, das gut organisiert und verwaltet war und mindestens dreihunderttausend Krieger hatte, die bereit waren, auf ein Zeichen des Inka ihr Leben einzusetzen.

In Cajamarca bezogen die Spanier die Häuser rund um den zentralen Platz. Sie waren in voller Rüstung. Die Kanonen und Gewehre waren schussbereit. Sie saßen auf den gesattelten und gezäumten Pferden, die sie mit lauten Schellen versehen hatten. Mit deren Krach wollten sie die Inka-Krieger verwirren. Alle Spanier waren im Inneren der Häuser versteckt. Keiner war von außen sichtbar.

Vor Sonnenuntergang zog der Inka Atahualpa mit einem Gefolge von fünfzigtausend Kriegern von seinem Zeltlager nach Cajamarca. Mehrere hundert Diener säuberten den Weg vor dem Inka und sangen dabei laute Siegeslieder. Atahualpa ließ sich auf einer Sänfte tragen, auf der ein Thron aus gediegenem Gold stand, der mit bunten Federn von Regenwaldvögeln verziert war. Auf dem Kopf trug Atahualpa die Inka-Krone, ebenfalls aus bunten Federn. Er war mit kostbaren Edelsteinen und einer Smaragd-Halskette geschmückt.

Als er auf dem zentralen Platz ankam, fragte er: «Wo sind die Fremden?» Denn es war nur ein einziger Spanier zu sehen, nämlich der Priester. Dieser trat mit der Bibel in der Hand vor Atahualpa hin und belehrte Atahualpa in dessen Quetschua*-Sprache: Der Papst habe den spanischen Kaiser und der Kaiser wiederum habe Francisco Pizarro beauftragt, die Eingeborenen Amerikas zu unterwerfen und zu bekehren. Er forderte Atahualpa auf, von seinem Glauben abzuschwören und den wahren Glauben anzunehmen. Außerdem solle er dem spanischen Kaiser ab sofort Steuern zahlen.

Empört und voller Zorn antwortete Atahualpa, dass er selbst der mächtigste Fürst der Erde sei und sich niemandem unterwerfen werde. Mit diesen Worten riss er dem Priester die Bibel aus der Hand und schleuderte sie zu Boden.

In diesem Moment gab Francisco Pizarro, der inzwischen herausgetreten war, das vereinbarte Zeichen. Mit grellen Trompetenstößen, mit lauten Schlachtrufen und Schellengeklirr stürzten die Reiterei und die Fußtruppen in geschlossenen Schlachtreihen aus ihren Verstecken hervor und mitten unter die Inkas. Diese waren völlig überrascht und von dem ihnen unbekannten Donnern der Kanonen erschreckt. Sie wollten flüchten, doch überall waren Pferde und Reiter, die mit ihren Schwertern und Gewehren die Inkas töteten.

Einige spanische Soldaten sprangen auf Atahualpa zu, durchbohrten die Männer seiner Schutztruppe mit ihren Schwertern und rissen Atahualpa in eine nahe gelegene Gefängniszelle.

Nach einer halben Stunde war die Schlacht bereits vorbei. Die Spanier hatten zwölftausend Inkas getötet, die in großen Haufen auf dem Feld lagen. Kein einziger Spanier war verwundet oder getötet worden.

Atahualpa hatte bemerkt, wie gierig die Spanier alles Goldene an sich rissen. So schlug er Pizarro einen Tausch vor. Er wollte einen Raum von sieben Meter Länge, sechs Meter Breite und drei Meter Höhe ganz mit

* Sprich: Kétschwa

Gold füllen lassen, dazu noch zwei kleinere Räume mit Silber, wenn die Spanier ihn dafür freilassen würden. Pizarro war einverstanden und schloss mit Atahualpa einen schriftlichen Vertrag, den Atahualpa unterzeichnete. Für Pizarro unterzeichnete sein Bruder Hernando, denn Francisco Pizarro konnte nicht schreiben.

Unterdessen eroberten die Spanier die Inka-Hauptstadt Cuzco ohne Widerstand. Die Inkas waren wie gelähmt. Für sie war Atahualpa nicht nur ein König, sondern ein Nachfahre der Götter und somit selber ein Gott. Dass er jetzt gefangen war, stürzte sie in völlige Ratlosigkeit.

Anfangs behandelte Francisco Pizarro Atahualpa gut und mit Respekt. Doch nach zwei Monaten war die vereinbarte Frist fast um, und der Raum war fast gefüllt mit purem Gold. Da hörten die Spanier, dass ein großes Inkaheer bereit stehe, um Atahualpa zu befreien. Sie hatten Angst vor einem Angriff, den sie bestimmt nicht überstehen würden. Offenbar hatte Atahualpa selbst als Gefangener noch viel Macht über sein Volk. So beschlossen sie, über Atahualpa Gericht zu halten. Nach kurzer Verhandlung verkündete der Richter das Urteil. Atahualpa wurde zum Tode durch Verbrennen verurteilt.

Das Verbrennen ist die allerqualvollste Todesart, die es gibt. Die Brandwunden der Haut schmerzen höllisch, ohne dass der erlösende Tod eintritt. Erst nach langen, endlosen Qualen werden auch die inneren Organe so stark zerstört, dass der Mensch stirbt und die Schmerzen enden.

Atahualpa, der sicher gewesen war, durch die Goldlieferungen wieder freizukommen und weiterhin der mächtigste Mann zu sein, war völlig erschüttert. Schließlich bot der Priester ihm an, dass er sich taufen lassen könnte. Dann würde er nicht verbrannt. Atahualpa willigte ein und ließ sich taufen. Anschließend wurde er auf der Plaza de Armas in Cuzco öffentlich mit einem Stranguliereisen erwürgt.

Nach dem Tod des Inka kamen immer mehr Spanier nach Peru. Sie rissen alle Tempel und Paläste Cuzcos ein. Auf den Grundmauern des Sonnentempels bauten sie ein Kloster. Mit den wohlbehauenen Steinen der Paläste errichteten sie Kirchen an den Seiten des zentralen Platzes. Sie wollten alle Spuren der Inkazeit auslöschen, sodass nichts mehr an diese erinnern sollte.

Cuzco heute

Bald, nachdem sie Cuzco erobert hatten, verlegten die Spanier die Hauptstadt des Landes. Sie gründeten die neue Hauptstadt Lima an der Meeresküste. Cuzco wurde dadurch zu einer unbedeutenden Provinzstadt und veränderte sich bis ins 20. Jahrhundert nur wenig.

Viele der Bauten, die von den Spaniern errichtet wurden, sind bis heute erhalten geblieben. Einige sind durch schwere Erdbeben zerstört und manche wieder aufgebaut worden. Wer heute durch Cuzcos saubere und gepflegte Altstadt läuft, begibt sich zurück in jene Zeit der brutalen Eroberung des Inkareiches durch die Spanier. Heute besuchen jedes Jahr mehr als eine Million Touristen aus aller Welt die Altstadt von Cuzco. Die Bewohner von Cuzco leben fast vollständig davon, die Besucher zu versorgen, ihnen ihre berühmte Stadt zu zeigen und ihnen Mützen, Schals, Pullover und Ponchos für die kalten Morgende und Abende zu verkaufen – und alles, was es in Peru außerdem an schönem Kunsthandwerk gibt.

Nationalfeiertag in Cuzco

Machu Picchu*

Die Inkas hatten immer Handel mit den wilden Stämmen des Amazonastieflandes getrieben und Holz, Baumharz, Nüsse und Arzneipflanzen des Regenwaldes erworben und gegen Baumwollstoffe, Messer und Pfeilspitzen eingetauscht. Aber sie fürchteten sich auch vor diesen wilden und für sie völlig unberechenbaren Stämmen.

Deshalb genügte ihnen die Festungsanlage von Cuzco allein nicht, um sich vor Überfällen aus dem Amazonasgebiet zu schützen. Sie bauten weitere Festungen. Wo waren dafür die geeignetsten Plätze? In der Nähe von Cuzco fließt der Urubamba, ein Fluss, der in den Rio Ucayali mündet. Der Ucayali wiederum mündet in den Amazonas.

* Sprich: Mátschu Píktschu

Sein Tal ist die Verbindung von Cuzco ins Amazonasgebiet. Dort gibt es breite, fruchtbare Felder. Es gibt aber auch sehr enge Stellen, die selbst heute noch zu eng für eine Straße sind. An solchen Stellen bauten die Inka Städte, zum Beispiel Ollantaytambo*. Mit soliden Steinblöcken errichteten sie sorgfältig gemauerte Terrassen, die sich regelmäßig an die steilen Berghänge schmiegen. Aus weiter bergauf gelegenen Quellen leiteten sie frisches Wasser durch festgefügte Bewässerungskanäle auf die Terrassenfelder. So konnten sie Quinoa, Kartoffeln und Mais anbauen.

Warum bauten sie so umständlich und kompliziert am Berg? Warum siedelten sie nicht auf dem Talboden? Nun, das Urubambatal wurde jedes Jahr in der Zeit der Schneeschmelze so stark überschwemmt, dass alles mit fortgerissen wurde. Nur die Talhänge waren dann sicher. Auf einem besonders weit hervorragenden felsigen Vorsprung hoch über dem Tal bauten sie die Tempel und Wachtürme. So konnten sie kriegerische Stämme schon von Weitem entdecken, sich für einen Kampf bereitmachen und die Nachricht mit Läufern nach Cuzco senden, um Hilfe zu holen. Außerdem konnten sie das enge Tal leicht absperren und Feinde bekämpfen. Písac und Tipón sind weitere, ähnlich gebaute Festungsstädte im Urubambatal.

Je weiter der Urubamba fließt, desto näher kommt er an das Amazonastiefland heran und desto tiefer liegt sein Tal. Cuzco liegt 3300 m hoch. Doch bereits hundert Kilometer von Cuzco entfernt liegt das Urubambatal nur noch 2000 m hoch. Hier fließt der Urubamba nicht mehr an kahlen, trockenen, gelbbraunen Hängen vorbei, sondern durch üppig-grünen Regenwald. Der Regenwald überzieht nicht nur das Tal selbst, sondern auch die steilen, fast senkrecht aufragenden Berghänge und Gipfel. Diese Gipfel ragen steil wie gigantische Zuckerhüte empor – so unwirklich wie in einem Kinderbuch gezeichnet.

* Sprich: Oljanteitámbo

Machu Picchu ist rings von Bergen mit Regenwald umgeben.

Der Urubamba umfließt sie in stark gekrümmten Windungen. Und hier, in einer dieser Dreiviertel-Kreis-Windungen, haben die Inkas im Sattel zwischen zwei «Zuckerhut»-Bergen ihren äußersten Vorposten zum Regenwald, ihre letzte Bastion gegen die wilden Stämme gepflanzt: Machu Picchu.

Vierhundert Meter thront die steinerne Stadt Machu Picchu fast senkrecht über dem Urubambatal. Noch einmal so hoch ragen die benachbarten, regenwaldbewachsenen Berge auf und umgeben die Festungsstadt wie ein weiterer Schutzwall. Der Verbindungsweg nach Cuzco führte nicht direkt vom Tal hinauf. Er kam versteckt von hinten über mehrere Pässe und tiefe Täler. Heute braucht man vier Tage für die nur zu Fuß bewältigbare Strecke. Die Inkaläufer waren natürlich viel schneller.

Sobald die Läufer die Nachricht von der Gefangennahme Atahualpas nach Machu Picchu gebracht hatten, verließen die Bewohner ihre Stadt. Jetzt waren ihre Kräfte rings um die Hauptstadt Cuzco nötig. Machu Picchu wurde deshalb schon hundert Jahre nach ihrer Gründung wieder verlassen und nie wieder bewohnt.

Die Spanier haben Machu Picchu nie entdeckt. Es lag zu weit vom eigentlichen Inkagebiet entfernt und war vollständig vom Regenwald überwachsen. Erst 1911 fand der erste Wissenschaftler die verlassene Stadt wieder. Er ließ sich dabei von einem kleinen Jungen den Weg zeigen. Denn die Bauern des Tales hatten die Stadt nie vergessen. Ja, sie nutzten sogar die alten, von soliden Mauern gestützten Terrassen, um weiterhin Getreide anzubauen. So blieb Machu Picchu die einzige Inka-Stadt, die von den Spaniern nicht entdeckt und nicht zerstört wurde. Tempelanlagen, Sonnen- und Mondtempel und der Tempel für Pachamama, die «Mutter Erde», sind heute ebenso erhalten wie Wohn- und Wächtergebäude sowie die sorgfältig aus behauenen Steinen gefügten und in schönem Schwung angelegten Terrassenanlagen. Fast eine Million Besucher kommen jedes Jahr aus aller Welt, um diese einzigartig gelegene Festungsstadt zu sehen.

Das Hochland

Der Weg von Cuzco nach Machu Picchu, der größtenteils durch das tiefer liegende Urubambatal führt, steigt gleich hinter Cuzco noch einmal fast tausend Meter bergauf. Dort, auf über viertausend Meter Höhe, erstrecken sich weite, gelbbraune Ebenen, die Puna, wo natürlicherweise nur noch drahtige, halbhohe Grasbüschel wachsen. Der Regen kann auf den flachen Ebenen nicht abfließen, und es stauen sich große, flache Seen darauf, die Trinkwasser für Menschen und Tiere bieten. Es gibt keine Bäume, die den kalten Wind und Regen abhalten könnten oder in den Frostnächten eine schützende Decke bilden könnten. Doch da der Boden an manchen Stellen recht fruchtbar ist, gelingt es den Bauern auch hier, Kartoffeln und Quinoa anzubauen und vielleicht ein Schwein oder eine Ziege zu halten. Das Leben ist hart und karg hier. Die Ernte ist spärlich, nicht viel mehr, als für das tägliche Leben gerade eben ausreicht.

Wer glaubt, dass er weiß, wie Kartoffeln schmecken, der würde sich in Peru wundern. Hier ist die ursprüngliche Heimat der Kartoffeln. Die Indios haben im Laufe der Jahrhunderte über dreitausend verschiedene Sorten gezüchtet, und alle schmecken verschieden und anders als die wenigen in Deutschland angebauten. Diese dreitausend Sorten sind wie eine Reserve für alle Kartoffeln der Welt. Denn wenn es Kartoffelkrankheiten gibt, kann eine ganze Sorte davon zerstört werden*. Aus den dreitausend Sorten kann dann eine neue verwendet oder auch neu gezüchtet werden. Wie gut, dass die Indios so geduldig diese harte Arbeit machen!

Zu den Zeiten der Inka hatten die Bauern mehrere verschiedene Lamarassen gezüchtet: Lamas, die sie als Tragtiere verwendeten und auch ihr Fleisch aßen, Lamas, deren grobe Wolle sie scherten, und schließlich Lamas, die sie für ihre besonders feine Wolle züchteten. Die spanischen Eroberer schlachteten damals Hunderttausende Lamas. Heute sieht man nur noch wenige Lamas als Tragtiere.

Jenseits der Hochebenen ragen noch einmal höhere Berge auf. Viele tragen auf ihren Gipfeln auch im Sommer Schnee und Gletscher. An ihren Hängen lässt sich kein Acker mehr anlegen. Der Boden

---

* So geschah es in Irland im 19. Jahrhundert. Irland erlebte daraufhin eine unvorstellbare Hungersnot. Eine Million Menschen verhungerten; zwei Millionen flohen nach Amerika und sahen ihre Heimat nie wieder.

Meerschweinchen gelten als Delikatesse.

ist nicht fruchtbar genug. Hier wächst lediglich spärliches Gras. Nur Tiere könnten hier weiden. Doch für Kühe und Ziegen ist es zu kalt und unwirtlich. Wovon sollen hier die Menschen in den Dörfern leben, zweitausend Meter höher als die höchstgelegenen Alpendörfer? Welches Tier ist so genügsam, dass es hier grasen könnte? Welches Tier kann nur von harten Gebirgsgräsern leben und ist so gut vor der Kälte geschützt, dass es auch die kalten Winternächte und ihre Stürme übersteht? Das können nur zwei Tierarten: das Meerschweinchen und das Alpaka.

Meerschweinchen

Wilde Meerschweinchen leben in großen Teilen Südamerikas bis in Höhen von fünftausend Meter. Sie sind gelbbraun gefärbt und leben zu mehreren in selbst gegrabenen Höhlen meist unter Büschen und in der Nähe eines Baches. Um sich zu verständigen, pfeifen sie laut und quietschen oder tschirpen – so ähnlich wie ihr peruanischer Name: «Cui». Seit mindestens neuntausend Jahren werden Cuis auch gefangen und gegessen. Cui soll sehr gut und so ähnlich wie Hühnchenfleisch schmecken. Bei den Inkas war es aber auch ein heiliges Tier. Meerschweinchen wurden den Toten mit ins Grab für ihr Leben im Jenseits gegeben. Die Spanier brachten einige Tiere mit nach Europa, wo Meerschweinchen schnell zu beliebten Haustieren wurden, die sich leicht halten lassen.

Und weil sie sich so leicht halten lassen, werden sie auch heute noch von den Hochlandbauern gezüchtet. Dort wuseln sie oft im Hof und in der Küche herum und ernähren sich von Abfällen. An Feiertagen werden sie dann als Delikatesse gebraten und als seltenes Fleischgericht verspeist.

Alpakas

Alpakas sind kleine Verwandte der Lamas. Sie sind wie Lamas mit den Giraffen verwandt und haben auch einen etwas längeren Hals, aber natürlich nicht so lang wie der der Giraffen. Ihr Wuchs ist zierlich wie der eines Rehs. Aber ihr weißes, schwarzes oder braunes Fell ist plüschig und kuschelig wie das eines Teddybären. Selbst ihre großen, dunklen Augen mit den langen Wimpern verschwinden manchmal fast hinter dem dichten Fell. Auch ihre wachen, immer beweglichen Ohren ragen nur zur Hälfte heraus. Bei manchen Alpakarassen wird das Fell so lang, dass es bis auf den Boden reicht. So wärmt es die Alpakas selbst in den kalten Winternächten, wenn der Wind ungehindert von den nahen, sechstausend Meter hohen Gletscherbergen herunterstürzt. An den Beinen ist das Fell recht grob, kann aber gut den Regen und die Dornen abhalten. Am Bauch und in den Beugen der Beine ist es am feinsten – viel weicher und feiner als Schafwolle.

Im Dezember oder Januar, der mildesten Zeit des Jahres, werden die Alpakas geschoren. Einen Zentimeter Fell lassen die Scherer stehen. Das wächst dann bis zur kalten Zeit im Juli und August wieder zu einem wärmenden Pelz. Die abgeschorenen Haare bleiben als Ganzes zusammenhängend. So erhält der Alpakazüchter, der Alpakero, ein ganzes Fell, das nur locker zusammenhält.

Jetzt beginnt die schwierigste Arbeit. Die groben, die mittleren, die feinen und die allerfeinsten Alpakahaare sollen auseinandersortiert werden. Wie kann man ein Haar, das nur ein Fünfzigstel Millimeter dick ist, von einem unterscheiden, das ein Vierzigstel Millimeter dick ist? Das kann man nicht sehen. Kann man es fühlen? Männer können das nicht. Aber manche Frauen – meist nur eine einzige im Dorf – können diese winzigen Unterschiede der Haardicke fühlen. Ohne hinzuschauen, sortieren sie die Haare eines Alpakafelles in mindestens vier (manche bis zu zwanzig) Qualitäten. Die groben, dicken Haare werden für Teppiche verwendet, die feineren für Ponchos und Pullover. Aus den allerfeinsten weben die Frauen die weichsten Schals, die niemals am Hals kratzen.

Dank ihres dichten, feinen Felles können Alpakas selbst in den unwirtlichen Höhen über viertausend Meter leben, wo es nachts friert. Mittags scheint die Sonne durch die dünne Höhenluft ungehindert und oft so intensiv, dass es wirklich warm wird – und man einen heftigen Sonnenbrand bekommt. Das dicke Fell schützt die Alpakas auch vor der zu starken Sonne. Doch Alpakas sind sehr empfindlich. Sie wollen auf gute,

Alpakas haben ganz verschiedene Fellfarben.

Je dichter das feine Fell, desto besser hält es warm.

Auf den traditionellen Webstühlen weben die Inkafrauen auch heute noch sehr feine Alpakastoffe.

würzige Weiden geführt werden, wo frisches Schmelzwasser von den nahen Gletschern hindurchfließt, denn sie müssen täglich Wasser trinken. Bei heftigem Regen suchen die Herden, meist siebzig bis hundert Tiere, am liebsten einen Unterstand auf. Und sie mögen es gar nicht, wenn der schon durch einen Traktor oder ein Auto besetzt ist.

Kleidung

Die feine Alpakawolle färben die Frauen oft noch traditionell mit Pflanzenfarben und verspinnen sie manchmal noch mit der Handspindel. Ob sie sitzen, stehen oder gehen – immer dreht die eine Hand die hölzerne Spindel, und die andere hält mit dem Daumen die richtige Fadendicke.

Die Inkabäuerinnen tragen ein buntes Tuch als Rucksack.

Mit einem Hüftwebstuhl, den sie sich um die Hüfte binden, weben sie lange Bahnen mit den traditionellen Mustern von Erde, Flüssen, Berggipfeln und dem Auge des Lamas. Diese Bahnen vernähen sie zu Ponchos. Ponchos sind im Hochland eine sehr geeignete Kleidung, weil es nachts und morgens sehr kalt wird. Mit aufsteigender Sonne wird es aber bald wieder warm, und der Poncho kann einfacher als ein Mantel schnell abgelegt und zusammengefaltet werden, ohne zu stören.

Die älteren Frauen tragen knielange Röcke – wegen der Kälte meist mehrere übereinander, bis zu sieben! Darunter ziehen sie wollene Leggins. An Festtagen führen sie ihre reich bestickten Blusen aus und tragen darüber eine ebenso reich bestickte Wolljacke. Sie lieben kräftige, leuchtende Farben, vor allem Rot. Denn das Sonnenlicht im Hochland ist strahlend und intensiv, der Himmel kräftig blau, die Gletscher glänzend weiß, aber die Erde meist nur mattbraun.

Ein breitkrempiger Hut schützt vor der allzu intensiven Sonnenstrahlung. In manchen Tälern ist er kräftig bunt und verziert. In anderen Tälern dagegen tragen die Frauen einen schwarzen Bowlerhut, eine «Melone» – aber immer zwei Nummern zu klein, sodass er zu hoch sitzt und ihr prächtiges, schwarz schimmerndes Haar darunter hervorglänzt.

Jede Frau, die ihr Haus verlässt, trägt ein buntes gewebtes Tuch als eine Art Rucksack über die Schulter geworfen. Darin trägt sie Stoffe zum Markt oder Kartoffeln vom Feld oder aber ihr Baby bei sich. Kinderwagen wären im Hochland nicht zu gebrauchen. Die Frauen im Hochland müssen stark sein!

Koka und Kokain

Die Arbeit der Bauern, der Kartoffelpflanzer und der Alpakeros ist sehr anstrengend. Die dünne Höhenluft macht sie noch anstrengender. Meist haben die Bauern zu wenig zu essen und fast immer Hunger. Viele kauen deshalb regelmäßig die Blätter des Kokastrauches oder trinken einen Tee aus Kokablättern. Damit bemerken sie die körperliche Anstrengung weniger. Selbst Hunger- und Durstgefühl verschwinden. Wer Koka kaut, fühlt sich leicht, unbeschwert und glücklich. Ein Wundermittel? Nein, das Hungergefühl ist ja nur ein Zeichen dafür, dass der Körper Nahrung braucht. Das Gefühl von Anstrengung ist nur ein Zeichen, dass der Körper Ruhe braucht. Die Kokablätter geben dem Körper weder Nahrung noch Ruhe. Sie bewirken nur, dass er den Mangel nicht bemerkt. So können die Bauern trotz Überanstrengung weiterarbeiten. Das mag in besonderen Fällen sehr praktisch sein, etwa um in einem tagelangen Marsch aus dem abgelegenen Dorf die einzige Straße zu erreichen. Viele Bauern kauen die Kokablätter aber regelmäßig, um

Kokablätter werden auf jedem Markt verkauft.

mehr Kräfte zu haben und um dank des einsetzenden Glücksgefühls die tägliche Armut zu vergessen. Dadurch überanstrengen sie sich ständig, ohne es zu merken. Die inneren Organe werden geschädigt. Der Körper braucht seine letzten Reserven auf und altert schneller. Mit fünfundzwanzig Jahren sieht er dann schon so müde und abgearbeitet aus, als wäre er vierzig oder älter. Entsprechend früh stirbt er.

Richtig angewandt ist Tee aus Kokablättern eine wirkungsvolle Medizin etwa gegen Gelenkverhärtungen oder Zuckerkrankheit.

Im Labor kann man die Kokablätter chemisch behandeln und daraus Kokain gewinnen. Kokain wurde im 19. Jahrhundert als schmerzbetäubendes Mittel bei Operationen und chronischen Schmerzen benutzt. Doch es macht süchtig. Für dieselbe Wirkung muss man immer größere Mengen einsetzen. Heute wird Kokain nicht mehr in der Medizin verwendet. Doch als Rauschdroge, die Glücksgefühle und Halluzinationen erzeugt, ist es weit verbreitet. Kokain ist verboten, da es schnell abhängig macht und den Körper über längere Zeit völlig entkräftet. Manchmal ist schon der erste Kokaingebrauch tödlich, wenn das Herz eine unerkannte Schwäche hat. Meist verfällt der Körper aber über lange Jahre und Jahrzehnte, wobei der Mensch immer abgestumpfter wird und am Leben immer weniger teilnimmt.

Der Kokastrauch wird nicht im kühlen Hochland angebaut, sondern im heißen Regenwaldgebiet. Die Provinzstadt Tingo Maria war über viele Jahre das Zentrum des verbotenen Anbaus von Kokasträuchern. Hier wurde in versteckten Laboren aus Kokablättern die Kokapaste hergestellt. Diese Kokapaste wurde mit kleinen Flugzeugen aus Tingo Maria über die Staatsgrenze nach Kolumbien geflogen. Dort wurde aus der Paste in geheimen Laboren das weiße Kokainpulver hergestellt. Damit die Flugzeuge in Tingo Maria starten und landen konnten, sperrte die Polizei die – extra dafür verbreitete – Hauptstraße. In wenigen Minuten war ein Flugzeug beladen und startete wieder. Täglich fuhren die Drogenbosse mit ihren schwer bewaffneten Bodyguards in ihren teuren Geländewagen durch die Straßen von Tingo Maria. Natürlich war dies alles streng verboten. Doch die Polizei griff nicht ein, da die obersten Polizeioffiziere von den Drogenhändlern bestochen waren. Erst später wurden diese verhaftet und durch ehrliche Offiziere ersetzt. Heute starten in Tingo Maria keine Drogenflugzeuge mehr. Aber an versteckten Stellen im Regenwald werden immer noch Kokasträucher angebaut. Und die peruanische Polizei findet immer wieder große Mengen Kokain.

Kann man nichts machen gegen diesen Kokaanbau? Doch! Einige Bauern haben aufgehört, Koka anzubauen. Stattdessen pflanzen sie Kakaobäume. Eine Kooperative von Kakaobauern hat gute Maschinen aus Italien eingeführt, mit deren Hilfe sie den Kakao auch gleich ver-

Vom Flughafen von Tingo Maria wurde früher tonnenweise Kokain geschmuggelt.

arbeiten können. So gewinnen sie Kakaobutter und stellen sogar Schokolade her. Wer Schokolade aus Peru kauft, hilft damit den Bauern, von der Koka unabhängig zu werden! Und nur solange Kokainsüchtige und Neugierige in Europa und Nordamerika viel Geld für Kokain bezahlen, werden die armen Bauern weiterhin Kokasträucher anbauen, um etwas Geld zu bekommen. Wenn dies aufhört, wird auch in Peru kein Koka, sondern Kakao angebaut werden.

Terrorismus

In den schlimmsten Zeiten, Anfang der 1980er-Jahre, gab es in Tingo Maria gar keine Polizei. Zwei Gruppen von Terroristen, die sich Sendero Luminoso* und Tupac Amaru** nannten, hatten sich in weiten Teilen von Peru ausgebreitet. Sie glaubten, der Kommunismus nach Karl Marx*** würde eine gerechtere Gesellschaft für alle bringen. Der Weg dorthin, so glaubten sie, sei aber nur möglich, wenn alles bisher Bestehende zerstört und getötet würde, alles – im Notfall auch sie selbst! Sie überfielen die Dörfer und kleinen Städte, erschossen Bürgermeister und Polizisten und schlachteten das Vieh. Alle Menschen mussten auf dem zentralen Platz zusammenkommen. Wer nicht kam, wurde in seinem Haus erschossen. Vermummte Redner hielten Ansprachen und gaben Befehle. Wer sich nicht den Terroristen anschloss, wurde gefoltert und erschossen. Die Bauern mussten regelmäßig große Teile ihrer Ernte abgeben. Die Kokabauern mussten eine Art «Steuern» auf die Kokablätter bezahlen. So kamen die Terroristen zu Geld. Und die Kokabauern waren gezwungen, noch mehr Koka anzubauen, um zu überleben. So förderte der Terrorismus den Kokaanbau.

Die Terroristen verbreiteten den Schrecken ihres Todeskultes vor allem in den Gebieten, in denen es nur wenige Dörfer, wenig Polizei und Armee gab. Die Bewohner der kleinen Dörfer lebten jede Nacht in Angst vor den Überfällen der Terroristen. Sie fürchteten aber auch die Armee. Denn die Armee konnte oft nicht unterscheiden, ob sie echte Terroristen vor sich hatte oder Bauern, die dazu gezwungen worden waren. Viele Tausende Menschen starben durch die brutalen Überfälle der Terroristen. Millionen Menschen flohen aus ihren Dörfern. Sie ließen alles, was sie besaßen, zurück und nahmen oft nur das mit sich, was in ein Schultertuch passte. Die meisten flohen nach Lima, in die größte Stadt Perus. Zwar kamen die Terroristen manchmal auch in die

---

* Übersetzt: leuchtender Pfad
** Das ist der Name des Inka Tupac Amaru, der versuchte, das Land von der spanischen Besetzung zu befreien, aber 1572 von den Spaniern hingerichtet wurde.
*** Karl Marx (1818 – 1883): deutscher Journalist und Wirtschaftsphilosoph.

Hauptstadt. Doch Polizei und Armee konnten hier besser für Sicherheit sorgen.

Erst 1992 wurde der Anführer dieses Todeskultes verhaftet und ins Gefängnis gesteckt. Bald darauf verschwanden auch die Terrorgruppen. Heute ist Peru von ihnen fast ganz befreit.

Die Bergbauminen

Gegenwärtig müssen sich die Bewohner von Perus Hochgebirge und Regenwald nicht mehr vor den Todesterroristen fürchten. Wovor sie sich heute am meisten fürchten, ist, dass in ihrer Nähe ein Schatz entdeckt wird – ein Schatz aus Gold oder Kupfer oder Öl.

Nun, freut man sich nicht über einen Schatz? Natürlich – diejenigen Firmen, die dann mit Baggern riesige Gruben ausheben und das Gold oder Kupfererz zu Tage fördern, die freuen sich. Sie verdienen gut daran. Bis zu einem Viertel von Perus ganzem Jahreseinkommen stammt aus den riesigen Tagebauminen und Öllagern. Doch die Betreiber der großen Minen sind nicht die Bauern, sondern sie kommen aus Lima oder aus den USA.

Die Minenbetreiber sind meist Nachkommen der Spanier, die einst Peru erobert hatten. Die Bauern hingegen sind Indios, also Nachkommen der besiegten Inkas. Der Gegensatz zwischen Herrschern und Beherrschten, von Siegern und Besiegten wirkt sich bis heute aus.

Für die Bauern entsteht durch die Mine nur ein riesiges Loch in der Erde. Sie bekommen nur den Staub, der täglich herüberwcht und das Gras ungenießbar macht. Sie finden keine Weiden mehr für die Alpakas und keinen Ort, um Kartoffeln anzubauen. Den Indios im Regenwald geht es ähnlich. Sie erhalten nur das klebrige auslaufende Erdöl, das die Flüsse und den Regenwald vergiftet. Sonst haben sie nichts von dem Reichtum. Bauern und Indianer verlieren durch eine Mine oder ein Ölfeld alles, was sie zum Leben brauchen. Weil sie dann nichts mehr zu verlieren haben, fürchten sie auch den Tod nicht. In ihrer Verzweiflung haben sich einige zusammengeschlossen und haben die Zufahrtsstraßen gesperrt, als eine solche Mine geplant und eröffnet wurde. Damit haben sie die ganze Region von der Außenwelt abgeschnitten. Die Armee versuchte dann, die Sperren zu durchbrechen. Bei Kämpfen mit der Armee gab es Verletzte und Tote. Doch schließlich gab die Regierung nach, und die Mine wurde wieder geschlossen. Die Indios hatten gewonnen!

Im Jahr 2011 unterschrieb der neue peruanische Präsident ein Gesetz. Es besagt, dass die Indios angehört werden müssen, bevor eine neue Mine eröffnet wird. Hoffentlich hilft es!

Keine Arbeit?

Als nach 1992 der Schrecken der terroristischen Gruppen beendet war, zogen manche derjenigen, die zuvor nach Lima geflohen waren, zurück in ihre Dörfer. Viele wagten es aber noch nicht zurückzukehren. Andere hatten in Lima eine Arbeit gefunden und wollten sie nicht aufgeben. Denn in den entvölkerten Dörfern sah es inzwischen schlecht aus. Außer der Arbeit in der Landwirtschaft gab es kaum noch bezahlte Arbeiten. Der Bäcker, der Lebensmittelladen oder das Bekleidungsgeschäft hatten, aufgegeben, da es zu wenige Kunden gab. Die Gemeinde nahm zu wenig Steuern ein und hatte kein Geld mehr, den zentralen Platz sauber zu halten. Er verfiel. Die Kirchengemeinde hatte kein Geld mehr, die Kirche instand zu halten und zu renovieren.

Was kann man tun, damit wieder Menschen in ihre Dörfer zurückkehren und diese wieder instand halten, sie schön und lebenswert machen? Das ist eine große und oft noch nicht beantwortete Frage in Peru. Zum Glück gibt es auch viele Fälle, in denen Menschen gute Ideen hatten. Dazu zwei Beispiele:

Julio Herrera Burgos ist Bildhauer und unterrichtete früher in Lima. Er und seine Frau Lucy Terrazzas überlegten, was sie für ihr Heimatdorf Andahualillas* tun könnten, damit nicht noch mehr Menschen abwanderten. Vor allem die jungen Frauen hatten keine Arbeit und kein Geld. Julio wurde einmal nach Deutschland eingeladen. Dort sah er in einem Schaufenster eine große handgenähte Waldorfpuppe. Als er sah, was diese kostete, konnte er das erst gar nicht glauben. Dann dachte er: «Das können wir doch auch!»

Zurück in Andahualillas begann er mit einigen Frauen, aus ein paar Stoffresten Puppen zu nähen. Zuerst sahen diese scheußlich aus. Niemand wollte sie haben. Doch die Frauen wurden immer geschickter. Sie verwendeten gute Alpakawolle für die Puppenkörper. Sie färbten die Stoffe für die Kleider selber und strickten Mützen und Socken für die Puppen. Es entstanden schöne Puppen, die sie nach Deutschland, Amerika und Australien verkauften. Inzwischen färben, stricken und nähen fünfundvierzig junge Frauen Puppen für Kinder in aller Welt. Für unsere Verhältnisse verdienen sie sehr wenig, für peruanische Verhältnisse mehr als das Doppelte des Durchschnittsverdienstes. Für unsere Verhältnisse sind die Puppen billig, viel billiger als die in Deutschland genähten, für peruanische Verhältnisse wären sie unbezahlbar teuer.

Viele junge Mütter finden auch deswegen keine Arbeit, weil sie ihre kleinen Kinder hüten müssen. Doch in Andahualillas bringen die Frauen ihre Babys mit zur Arbeit. Für die größeren Kinder gibt es sogar

* Sprich: Andahualíljas

Der kleine Inkajunge möchte Schmuck verkaufen, auf über viertausend Meter Höhe – und barfuß!

einen eigenen Kindergarten. Manchmal helfen dort auch Praktikanten aus Deutschland mit. Später soll eine Schule für die Kinder der Näherinnen dazukommen. Es gibt bereits einen Gemüsegarten, eine Werkstatt, Mal- und Versammlungsräume. So entsteht eine neue große Gemeinschaft. Die Menschen bleiben im Dorf. Andahualillas wächst wieder.

Vikunjas

Um die zweite gute Idee zu schildern, müssen wir noch einmal auf die Altiplanos, die Hochebenen Perus, zurückkehren. Dort lebten in der kargen Puna, den gelbbraunen Grassteppen, Tiere von unglaublicher Eleganz. Wegen ihres unübertroffen weichen und feinen Felles wurden sie so stark gejagt, dass sie im 20. Jahrhundert beinahe ausgerottet wor-

Vikunjas müssen jeden Tag Wasser trinken.

den wären. Doch die peruanische Regierung erließ strenge Gesetze zu ihrem Schutz und gründete einen Nationalpark auf der Hochebene, wo die Vikunjas völlig ungestört leben können.

Wenn die Sonne nicht scheint, übersieht man die kleinen Herden leicht, obwohl Vikunjas fast so groß wie die verwandten Alpakas sind. Denn ihr feines, aber dichtes Fell ist oberseits so warm-hellbraun wie der trockene Gebirgsboden mit den strohigen Grashorsten. Bei Sonnenschein glänzen die Grasbüschel der Puna goldbraun, und das flauschige Fell der Vikunjas glänzt ebenso goldbraun. Wegen dieser Farbe wird es auch «Gold der Anden» genannt. Wenn man etwas näher kommt, sieht man, dass die Vikunjas zweifarbig sind. Am Bauch, an den Beinen, den Flanken und am Hals ist ihr Fell rein weiß und glänzt im Gegenlicht wie die weißen Gletscher auf den umgebenden

Bergen. Es ist am Hals kuschelig dicht, zwanzig bis dreißig Zentimeter lang und so leicht, dass jeder Windstoß es hin und her weht. Das Vikunjafell ist gleichmäßiger und noch feiner als das der Alpakas. Es schützt vor dem kalten Regen am Abend und dem Frost der Nacht. Es schützt aber gleichzeitig vor Sonnenbrand durch das allzu intensive Sonnenlicht.

Vikunjas sind unglaublich neugierig. Sobald sich irgendetwas bewegt, kommen sie mit steil aufgerichteten Ohren heran. Wenn ihnen etwas nicht geheuer ist, legen sie die weich behaarten Ohren flach an und springen schnell und leicht davon, aber kehren genauso schnell wieder zurück.

Trotz ihres dichten Felles sehen sie nicht schwer und plump aus, sondern leichtfüßig, feingliedrig und elegant wie eine Gazelle. Mit ihrer hohen Stirn, der weichen Stupsnase, den großen, dunklen Augen und den langen, geschwungenen Wimpern wirken sie wie träumend. Doch nehmen sie alles um sie herum hochwach wahr. Sobald sie etwas Unbekanntes sehen oder hören, rufen sie einander zu: flehend wie ein kleines Fohlen, aber heller und leichter, fast wie ein Vogel. So zierlich, elegant und märchenhaft schön, wie sie sind, scheinen sie bestens geeignet als fliegendes Reittier für eine Märchenfee. Doch zuweilen sind sie auch sehr temperamentvoll. Manchmal stürzt ein Vikunjahengst im gestreckten Galopp mit weit vorgerecktem Hals auf einen fremden Hengst zu, der sich dem Rudel nähert. Er würde ihn mit vollem Schwung rammen, wenn der Eindringling nicht sofort die Flucht ergreifen würde.

Dadurch, dass die Vikunjas in den letzten Jahren streng geschützt wurden und im Nationalpark völlig ungestört leben, haben sie sich wieder vermehrt – auch wenn es längst nicht wieder so viele sind wie früher. Deshalb ist es seit 1993 alle zwei Jahre erlaubt – und das ist die zweite gute Idee –, die wild lebenden Vikunjas einzufangen und zu

Vikunjas sehen zart und zierlich aus und müssen doch den Frost der Nächte ertragen.

scheren. Mehrere hundert Dorfbewohner der umliegenden Dörfer bilden im Abstand von einigen Metern eine kilometerlange Schlange und treiben die scheuen und nervösen Vikunjas immer enger zusammen, bis diese schließlich in ein umzäuntes Gehege gelangen.

Dort scheren sie die Wolle mit elektrischen Scheren und lassen die aufgeregten Vikunjas sofort wieder frei. Die Wolle wird mit der Hand vom groben Dreck und von kleineren Verunreinigungen gesäubert. Von einem Vikunja gewinnt man nicht viel Wolle – gerade einmal ein halbes Pfund. Ein Vikunjahaar ist feiner als Alpakawolle oder Kaschmir. Es ist sechsmal feiner als ein menschliches Haar. Dennoch ist die Wolle äußerst warm und sogar reißfest.

Die rohe Wolle wird anschließend auf speziellen Maschinen gesponnen und zu edelsten Socken oder Pullovern verstrickt. Diese können

Auch diese Kakteen schützen sich – wie die Vikunjas – vor Kälte und greller Sonne mit einem weißen Pelz.

extrem leicht sein und sind trotzdem warm. Früher durften nur der Inka, die Königin, Prinzen und Prinzessinnen Kleidung aus Vikunjawolle tragen.

Heute kostet ein Pullover aus Vikunjawolle etwa 2500 Euro, ein Mantel 20.000 Euro. Vikunjawolle ist damit nur etwas für Könige oder Hollywood-Stars. Bei den Dorfbewohnern kommt von diesem Reichtum zwar nur sehr wenig an. Aber es ist für sie doch ein guter Zusatzverdienst, der ihnen ermöglicht, dass sie ihre Dörfer auf den Hochebenen nicht auf der Suche nach Arbeit verlassen müssen, sondern dort weiterleben können. Das ist auch gut für die Vikunjas. Denn die Dorfbewohner werden «ihre» Vikunjas natürlich besonders gut vor Wilderern schützen.

Die Wüstengebiete

Wer von Cuzco aus nach Osten fährt, kommt über viele Bergketten und Täler immer tiefer, in immer wärmere und feuchtere Regionen bis ins Amazonasgebiet. Wer aber von Cuzco aus in die entgegengesetzte Richtung, nach Westen, fährt, kommt ebenfalls über unüberschaubar viele Bergketten und Täler, aber in immer trockenere Gebiete. Fünfzehn Stunden lang fährt der Bus über die neue Straße, immer von einer Serpentine zur nächsten. Schon bald gibt es nur noch vereinzelte Städte und Dörfer, dann gar keine mehr. Kein Baum, kein Gras wächst mehr. Nur noch einzelne, einsame Säulenkakteen recken sich wie Pfosten, die mit Stacheldraht umwickelt sind, in die ansonsten tote Wüste. Manche Kakteen schützen sich mit einer Art weißer Wolle vor der Sonne und dem Vertrocknen – wie die Vikunjas. Noch ein Stück weiter wird es selbst für die genügsamen, wasserspeichernden Kakteen zu trocken. Denn an vielen Stellen dieser Wüste hat es wahrscheinlich noch niemals geregnet.

Kilometerweit erstrecken sich völlig flache Ebenen, auf denen nicht ein einziger Grashalm wächst. Hier liegen auf dem weißgrauen Untergrund Geröllbrocken, die von Wüstenlack braunschwarz überzogen sind. Das Auge ermüdet bald von dem flimmernden Weiß-Grau und dem immer blauen Himmel. Nur an einzelnen Stellen durchschneidet ein flaches Flusstal die Wüste. Es führt Wasser von den Seen der regenreichen Hochebenen. Das Wasser bringt das Leben mit sich: Leuchtend grüne Pappeln und Weiden rahmen den Flusslauf ein. Hier kann man im flachen, plätschernden Wasser baden und seine Wäsche waschen. Auf bewässerten Feldern wachsen Baumwolle, Orangen- und Zitronenbäume. Doch ohne Übergang beginnt scharf daneben wieder Wüste.

Seltsame Bodenzeichnungen

Die «Panamerikana», die Tausende Kilometer lange Straße, die sich längs durch den ganzen Kontinent von Nord- nach Südamerika erstreckt, führt mitten durch die Wüste von Nazca*. Wer mit dem Bus oder dem Auto hier entlangfährt, hat schon viele Stunden lang nichts als Wüste gesehen. Ihm würde nichts Besonderes auffallen, wenn nicht Schilder am Straßenrand darauf hinweisen würden. Denn von der Straße aus ist nichts zu erkennen. Erst wenn man einen der kleinen Hügel besteigt, sieht man, dass von dort aus helle Linien sternförmig in verschiedene Richtungen und schnurgerade in die Wüste führen, viele Kilometer lang. Die Linien waren offenbar so angelegt worden, dass die Menschen die braunschwarzen Geröllbrocken zur Seite gerollt haben, sodass der weiße Gipsuntergrund zum Vorschein kam – eine anstrengende Arbeit!

Wohin führen die Linien? Wer hat sie angelegt? Und warum? Die deutsche Mathematiklehrerin Maria Reiche war als junge Frau nach Peru ausgewandert, um etwas Neues zu erleben. Als sie das erste Mal diese Linien selber sah, war sie so fasziniert, dass sie auf eigene Faust begann, diese mit Maßband und Kompass zu vermessen. Einige Linien führen auf markante Einschnitte in den umliegenden Bergketten zu. Genau an dieser Stelle geht an den Tagen der Sonnenwende, am 23. Dezember und am 23. Juni, die Sonne auf. Waren diese Linien ein uralter Kalender, mit dem frühere Menschen den Zeitpunkt der Sonnenwende bestimmt hatten? Fanden die Menschen mithilfe dieser Linien die Jahreszeiten für die Aussaat heraus?

Tagelang lief Maria Reiche durch die riesige Wüste von Nazca, um die Linien zu vermessen. Abends saß sie in ihrem winzigen Zimmerchen am Rande der Wüste beim Flackern der Petroleumlampe und zeichnete die ausgemessenen Linien in große Karten ein.

* Sprich: Násska

Nur aus der Luft erkennt man diese Bodenzeichnung als Spinne.

Eines Tages traf sie auf eine Linie, die nicht gerade, sondern vielfach gekrümmt und völlig unübersehbar verlief. Maria folgte der Linie und maß alle Bögen sorgfältig mit Maßband und Kompass aus. Das dauerte den ganzen Tag, denn die Linie war sehr lang. Als sie ihre Messdaten in eine Zeichnung übertrug, wuchs allmählich eine Figur heran. Erst glaubte sie, es würde ein Frosch. Doch schließlich stellte sie verblüfft fest, dass sie einen Affen mit spiralförmig aufgerolltem Schwanz gezeichnet hatte. Sie schrieb später, dass sie «Luftsprünge vor Freude» gemacht habe. Der Affe war 240 Meter lang und 160 Meter breit. Maria Reiche war oft über diese Stelle gelaufen, ohne ihn zu sehen.

Warum hatte jemand einen solch riesigen Affen mit so viel Arbeit in die Wüste geschartt? Wie hatten die Menschen ihre Zeichnungen überhaupt gesehen? Vom Boden aus waren sie ja unsichtbar! Maria Reiche hat an einer Stelle einen drei Stockwerke hohen Aussichtsturm bauen lassen. So kann man heute zwei der Figuren sehen.

Von einem kleinen Flugzeug aus kann man noch weitere große Figuren bewundern: einen Kolibri, einen Kondor, eine Spinne, einen Hund, einen Wal und viele mehr. Doch die Menschen der Nazca-Zeit haben vor zweitausend Jahren natürlich noch keine Flugzeuge gehabt. Auch in der Inkazeit vor fünfhundert Jahren gab es die natürlich noch nicht. In den Berichten der Inkas heißt es aber, dass nach seinem Tode «der Inka zur Sonne flog». War das im übertragenen Sinne gemeint oder wörtlich? Auch gibt es die Inka-Legende von Antarqui, einem kleinen Jungen, der über die feindlichen Krieger hinweggeflogen sei und ihre Stellung erkundet habe. War das nur erfunden?

Jim Woodman, ein amerikanischer Forscher, glaubte, dass die Nazca-Menschen, die die Erdzeichnungen angelegt hatten, schon vor zweitausend Jahren in einem Heißluftballon geflogen seien. Als erster Flug der Welt gilt ja meist der Flug der Brüder Montgolfier in ihrem Heißluftballon 1783. Meist wird vergessen, dass schon im Jahre 1709 der brasilianische Pater Guzmao einen Ballon gebaut hatte, mit dem er über Lissabon geflogen war. Vielleicht hatte Guzmao den Ballonbau in Brasilien von Indios gelernt?

Für einen Ballon braucht man dünnen, sehr festen und luftundurchlässigen Stoff, Feuer, ruhiges Wetter und einen scharfen Verstand. Haben die Menschen vor zweitausend Jahren alles dies gehabt? Jim Woodman suchte und fand in alten Gräbern einen Baumwollstoff, der schon zweitausend Jahre alt war und feiner als heutige Baumwollstoffe und sehr reißfest war. Aus einem ähnlichen, heutigen Stoff ließ er eine Ballonhülle weben. Dieser hatte die Form eines umgedrehten Tetraeders* und war über acht Stockwerke hoch. Als Ballongondel ließ er

---

* Ein Tetraeder ist ein Körper aus vier gleichen Dreiecken.

Der Kondor ist der größte flugfähige Vogel der Welt.

ein kleines Papyrusboot flechten. Beinahe wäre der Ballon beim Füllen mit heißer Luft über dem Holzfeuer verbrannt. Doch schließlich flog er mit Jim Woodman und einem weiteren Piloten hundertdreißig Meter hoch. Damit war zwar nicht bewiesen, dass die Nazca-Menschen vor zweitausend Jahren tatsächlich geflogen sind. Doch dass es ihnen technisch möglich gewesen wäre, war völlig eindeutig!

Auch die größten Figuren, etwa der Kondor, sind in einer einzigen Linie «gezeichnet». Wenn man auf ihr geht, läuft man einmal die ganze Kondorzeichnung ab. Sind die Nazca-Menschen vielleicht in einer Art Prozession die Zeichnungen abgelaufen?

Prozession, Sternbeobachtung oder Kalendersystem – wir wissen heute nicht, aus welchen Gründen die Menschen damals ihre großen Zeichnungen in die Wüste scharrten. Aber braucht es denn eigentlich eine tiefere Begründung dafür? Zeichnen nicht heute noch Kinder mit Kreide große Bilder auf eine Straße – nur aus Spaß? Vielleicht war der Grund einfach die Freude an den großen Bildern?

Lima – «unter dem Bauch des Esels»

In Lima herrscht fast immer trübes und tristes Wetter. Zehn Monate im Jahr hängen die immer gleich aussehenden, grauen Nebelwolken tief über der Stadt. Sie hängen so tief, als würde eine graue Decke auf die Köpfe drücken. Die Bewohner von Lima sagen, sie leben «unter dem hellgrauen Bauchfell des Esels». Wann immer es geht, fliehen sie am Wochenende in eine sonnigere Stadt Perus. Hätte Francisco Pizarro nicht eine Stadt mit besserem Wetter als Hauptstadt auswählen können? Er gründete Lima am 15. Januar 1534, in der einzigen Jahreszeit, in der in Lima die Sonne scheint. Wusste er nicht, wie trist und grau das Wetter sonst ist? Warum blieb er nicht in dem fast immer sonnigen Cuzco?

Nun, Pizarro brauchte eine Hauptstadt nicht nur für das Land Peru selbst. Peru war ja damals ein Teil des spanischen Königreiches. Pizarro brauchte einen Hafen, um nach Panama und Spanien segeln zu können und um Handel zu treiben. Der Hafen von Lima ist heute noch der größte Hafen der südamerikanischen Pazifikküste. Hier kommen und gehen Schiffe nach USA, Europa, Ostasien und Australien. Das Wetter interessierte einen Mann wie Pizarro nicht.

Um einen Hafen anlegen zu können, gründete er die neue Hauptstadt an einer geschützten Stelle der Küste und damit zwangsläufig in der Küstenwüste. Ein kleines Flüsschen, der Rimac, brachte Trinkwasser aus den Anden. Platz war in der Wüste weit und breit vorhanden.

Limas Himmel ist fast immer grau.

Im Zentrum ist Lima eine prächtige Stadt.

Pizarro verwendete das eroberte Inkagold für den Bau einer ganz neuen, großen und schönen Stadt. Dafür ließ er fähige Architekten und Stadtplaner aus Spanien kommen. Diese legten einen Schachbrettgrundriss an und bauten prächtige Paläste. Manche der Bauten sind im Zentrum Limas heute noch zu bewundern. Andere wurden durch heftige Erdbeben zerstört und nur manche wieder aufgebaut.

Im 20. Jahrhundert wuchs Lima auf etwa zehn Millionen Einwohner an. Ein Drittel aller Peruaner leben also in einer einzigen Stadt. In Berlin leben hingegen ca. vier Millionen Einwohner, also nur ein Zwanzigstel der achtzig Millionen Deutschen. Peru ist groß und bietet viel Platz. Warum leben die Peruaner so dicht gedrängt in einer solch riesigen Stadt und nicht auf dem Land, wo es viel mehr Platz gibt? Auf dem Land hatte es Arbeitslosigkeit, Armut und Hunger gegeben. Davor waren die Menschen nach Lima geflohen und hatten auf ein besseres Leben in der Stadt gehofft. Sie waren vor dem Terrorismus, der sie auf dem Land mit dem Tod bedrohte, geflohen.

Die meisten Flüchtlinge hatten buchstäblich nichts, als sie in Lima ankamen. Manche schlüpften bei Verwandten unter. Viele kampierten auf unbebauten Stellen in der Stadt. Wer es sich leisten konnte, kaufte vier Pfosten und fünf Schilfmatten: vier als Wände, eine als Dach. Das war das neue Haus. Gedacht war es nur für ein paar Tage. Für viele aber wurden Jahre daraus oder das ganze Leben. Viele solche Schilfmatten-Slums gibt es immer noch in Peru. In anderen Stadtteilen Limas sind die Häuser aus getrockneten Lehmziegeln gebaut. Es gibt aber auch Stadtteile mit modernen Hochhäusern, edlen Villen, prächtigen Einkaufsstraßen und teuren Boutiquen.

Zehn Millionen Einwohner brauchen pro Tag mindestens zwanzig bis dreißig Millionen Liter Wasser zum Trinken, dazu noch einmal mehr zum Waschen und Duschen. Woher kommt das Wasser in einer Wüstenstadt? Anfangs brachte der Rimac genug Trinkwasser. Doch jetzt ist das Flussbett in der Trockenzeit staubtrocken. Auf der Suche nach neuen Wasservorkommen zapfen die Wasserbauingenieure inzwischen Stauseen in den Hochebenen der Anden weit oberhalb von Lima an. Doch sie sind in Sorge und wissen noch nicht, woher das Wasser kommen soll, wenn die Stadt noch weiter wächst. Lima war schon immer eine trockene und graue Stadt, in der es keine Bäume und keine grünen Rasenflächen gab. Die Bewohner Limas sehnen sich immer nach frischem, lebendem Grün und nach Wasser.

Die Stadt hat daher in dem größten öffentlichen Park bewässerte Rasenflächen angelegt und Bäume gepflanzt. Außerdem hat sie den größten Wasserpark der Welt eingerichtet: Dreißig riesige Fontänen versprühen Wasser in Form einer Pyramide, eines Regenbogens, einer achtzig Meter hohen Wassersäule, eines begehbaren Wassertunnels und eines Wasserspielplatzes für Kinder mit ständig an anderen Stellen hervorschießendem Wasser. Nachts werden alle Brunnen zu wechselnder Musik mit wechselnden Farben beleuchtet. In einer Wüstenstadt ist ein solches Spiel von Farben, Musik und Wasser der größte Luxus!

Guano

So wie Lima gleichzeitig an der Küste und in der Wüste Perus liegt, so liegen auch viele Dörfer. Das kleine Dorf Parácas ist in einer Bucht ringsum von beige-gelben und rostroten Sanddünen umgeben. Ausgetrocknete Lehmschichten liegen dazwischen. Der Wind bläst die Sandkörner über die Dünenkämme. Kein Pflänzchen, kein einziger, noch so kleiner Grashalm wächst hier. Das ganze Land ist völlig leblos. Doch im Wasser der Bucht schaukeln über hundert Fischerboote. Dicht an dicht sitzen Pelikane auf den Bootsplanken und den Masten.

Mit ihren gewaltigen Schnäbeln putzen sie sich das elegante Gefieder, das wie ein schwarz-weißes Spitzenmuster aussieht. Eine Gruppe großer, stromlinienförmiger Guanotölpel rudert mit kraftvollen Flügelschlägen über die Bucht. Plötzlich kippt ein Vogel nach einer Seite über den Flügel ab, stürzt senkrecht nach unten, als wäre er angeschossen worden. Im letzten Moment legt er die Flügel dicht an den Körper an und schießt pfeilförmig in das grüne Wasser, fast ohne Wasserspritzer. Ein Guanotölpel nach dem anderen kippt so wie eine Schar Pfeile in das Meer. Die meisten tauchen mit einem Fisch im Schnabel wieder auf. Das Meer ist hier offenbar besonders fischreich!

Mit einem Motorboot fahren wir an der Halbinsel vor Parácas vorbei. Hier, am Rande der Wüste, liegt ein großer Hafen, in dem auch große Schiffe anlegen können. Warum liegt der so weit außerhalb und nicht direkt neben dem Dorf? Die Antwort darauf erfahren wir, wenn wir weiter auf die vorgelagerten Inseln, die Islas Ballestas, fahren.

Schon von ferne sehen wir, wie die weiße Gischt des dunkelgrünen Meeres an der Küste mehrere Meter hoch spritzt. Tosend krachen die Wogen an die schwarzen, zerklüfteten Felsen. Oberhalb der schwarzen Brandungszone sind die Inseln seltsam gefärbt: nicht grün von Gras, aber auch nicht wüstengelb, sondern grau gesprenkelt. Was ist das? Erst aus der Nähe erkennen wir, dass jeder kleine Sprenkel ein großer Vogel ist, meist ein Guanokormoran. Dicht an dicht sitzen sie zu Millionen und bedecken die eigentlich weißgrauen Inseln. Hier brüten Guanokormorane, aber auch Guanotölpel und Chilepelikane. Dazwischen nisten einzelne zierliche Inkaseeschwalben. Sie sehen mit ihrem rauchgrauen Gefieder, den roten Füßen, dem roten Schnabel und den gelben und weißen, schwungvoll nach unten gebogenen Schmuckfedern am Schnabel fast wie ein abstraktes Gemälde aus. Ein Trupp Seelöwenweibchen liegt mit dickem Bauch dösend auf den Felsen und verdaut die gerade gefressenen Fische. Das fast dreimal so große und schwere

Das ist nur die Spitze eines Felsens, auf dem Millionen Guanotölpel brüten.

Männchen reckt Kopf und Hals senkrecht nach oben und brüllt lauthals. In einer Höhle nahe am Wasser steht ein Trupp schwarz-weißer Humboldt-Pinguine mit dem typischen rosa Flecken am Schnabel. Mit starr abgespreizten Flügeln trocknen sie sich im Wind. Pinguine leben doch eigentlich in den kalten, antarktischen Gewässern. Wie kommen sie so weit nach Norden?

An der peruanischen Küste fließt eine kalte, grüne Strömung, der Humboldtstrom, entlang. Er kommt aus den Meeresströmungen um die Antarktis. Der Humboldtstrom bringt Mineralien aus der Tiefe und grünes Plankton mit sich. Das grüne Plankton ist die Nahrung für kleine und große Fische. Pinguine folgen dem kühlen Wasser und der unglaublichen Menge an Fischen. So kommen sie bis zu den geschützten Islas Ballestas und brüten dort.

Die vielen Millionen Kormorane, Tölpel, Pelikane, Möwen, Seeschwalben, Pinguine und Seelöwen brüten seit vielen Tausenden Jahren auf den Islas Ballestas. Der kalte, grüne Humboldtstrom bringt immer genügend Fische als Nahrung. Doch wenn er einmal ausbleibt und stattdessen warmes, blaues Wasser aus dem Norden die Inseln erreicht, bleiben die Fische aus. Die Vögel verhungern und sterben. Dieser Wechsel der Strömungen tritt unregelmäßig, etwa alle zwei bis sieben Jahre, auf. Die Peruaner nennen diesen dramatischen Strömungswechsel «El-Niño»*.

Die Vögel bauen keine Nester, sondern legen ihre Eier direkt auf den immer warmen Fels. Die brütenden Vögel sitzen dicht an dicht, so nahe, dass sich ihre Flügel berühren, wenn sie sie ausbreiten.

So viele Vögel machen natürlich viel Mist, also viel Kot. Bei regnerischem Wetter würde dieser Kot schnell abgewaschen und ins Meer gespült werden, doch hier auf den Wüsteninseln trocknet der Kot, wird hart, backt fest und bleibt. Jedes Jahr wächst diese Kotschicht, der Guano, um fünf Zentimeter an. Sie kann im Laufe der Jahre mehrere Meter dick werden. Als der deutsche Wissenschaftler und Forschungsreisende Alexander von Humboldt im Jahr 1805 eine Guanoinsel betrat, nahm er eine Probe des Guanos und schickte sie an ein Labor in Paris. Er stellte fest, dass Guano hervorragend als Dünger geeignet sein müsste.

Bald darauf kamen Tausende Arbeiter in großen Frachtschiffen auf die Inseln. Sie hackten den festgebackenen Guano auf und verschifften ihn nach Europa. Für die großen Schiffe musste ein neuer Hafen gebaut werden, natürlich nahe bei den Guanoinseln – und nicht nahe bei dem Dorf Parácas.

Die Europäer zahlten teuer für den Guano, da er als Dünger ihre übernutzten und verarmten Felder wieder fruchtbar machte. Guano war ein Schatz und brachte Reichtum nach Peru!

* Sprich: El Nínjo

Auf Booten, Pontons und Landestegen sitzen überall Scharen von Pelikanen.

Doch die Guano-Gesellschaften waren so gierig nach dem Guano, dass sie keine Rücksicht auf die Vögel nahmen, von denen der Guano ja stammt. Sie hackten und gruben selbst in der Brutzeit, sodass sie die Vögel vollständig vertrieben.

Seit der Erfindung des künstlichen Düngers wird Guano nur noch wenig gebraucht, etwa als Blumendünger. Heute wird der Guano auf den Islas Ballestas nur noch alle fünf Jahre abgebaut und natürlich nicht in der Brutzeit. Zwei- bis dreihundert Arbeiter leben dann für zwei bis drei Monate auf den Inseln. Es gibt dort keinen elektrischen Strom, also auch kein elektrisches Licht, kein Fernsehen, kein Telefon, auch kein Handynetz. Den stinkenden Guano abzubauen ist auch heute noch eine harte, staubige und anstrengende Arbeit.

Anders als im 19. Jahrhundert wird heute nur noch so viel abgebaut, dass der Guano immer wieder nachwächst und die imposante Vogelkolonie erhalten bleibt. Der Hafen ist heute hauptsächlich ein Fischereihafen, aus dem peruanischer Fisch in alle Welt verschifft wird. Denn der Reichtum an Fischen der verschiedensten Arten ist noch nicht ausgegangen.

Seinen Reichtum verdankt Peru also zu einem guten Teil dem Meer, dem grünen Humboldtstrom und seinen Fisch- und Seevogelmengen. Allerdings verdankt Peru auch die Wüstenartigkeit der Küste dem Meer. Denn über dem kalten Wasser des Humboldtstromes verdunstet nur wenig Wasser. Es reicht aus, um die Küste mitsamt Lima in dichte Nebelwolken zu hüllen. Aber es ist zu wenig, als dass daraus Regentropfen fallen könnten.

Der überbordende Reichtum im Meer und die tote Trockenheit der Wüste direkt daneben gehören also zusammen.

Ganz Peru?

«Peru» – das bedeutet in einer der Quetschua-Sprachen «Wasser» oder «Quelle». In einer anderen Quetschua-Sprache bezeichnet es ein sagenumwobenes Goldland. Wie entstand Peru? Das ist eine lang andauernde Entwicklung:

Schon vor einer Million Jahren wanderten die ersten Menschen von Afrika nach Europa und Asien aus. Doch erst vor etwa zwanzigtausend Jahren erreichten die ersten Einwanderer Nordamerika. Sie kamen aus Sibirien und wanderten über die Landbrücke, die es damals zwischen Sibirien und Alaska gab. Jede Generation wanderte ein Stückchen weiter nach Süden, der Länge nach durch ganz Nordamerika, Mittelamerika bis nach Peru und weiter bis an die Südspitze von Südamerika nach

Feuerland. Andere Einwanderer kamen auch von Europa über Grönland an der nordamerikanischen Küste entlang direkt nach Südamerika gesegelt. Und wieder andere segelten quer über den riesigen Pazifischen Ozean von den polynesischen Inseln nach Südamerika.

Einige blieben an der Küste, andere bestiegen das Hochgebirge oder lebten im tropischen Regenwald. Sie richteten sich in extrem verschiedenen Lebensräumen ein – mit jeweils ganz anderen Lebensmöglichkeiten, Herausforderungen und Problemen. Jeder Stamm, jede Gruppe lebte für sich, nur von dem, was es in ihrer neuen Umgebung gab. Wie kam es dazu, dass aus diesen einzelnen Gruppen ein ganzes Land, ein gemeinsamer Staat «Peru» wurde?

Bereits vor 5.500 Jahren gab es viele Dörfer an der peruanischen Küste. Aber die Menschen lebten sehr ärmlich. Ihre Kleidung flochten sie aus Grasstängeln und Kaktusfasern. Von dem Fischreichtum konnten sie nur wenig gewinnen, da sie keine Netze hatten und keine Fäden, um daraus Netze zu knüpfen. Doch vor mehr als dreitausend Jahren begannen sie, mit den Stämmen des Hochlandes Handel zu treiben und tauschten Salz, Purpurmuscheln und getrockneten Fisch ein. Dabei erfuhren sie, dass es dort eine Pflanze gab, deren Samen von langen, weichen Haaren umhüllt waren: Baumwolle. Die Hochlandbewohner nutzten die Baumwolle schon länger, denn aus Baumwolle ließen sich Fäden spinnen und aus diesen Fäden feine Kleidung weben.

Die Fischer knüpften nun Netze aus den Baumwollfäden. Außerdem entdeckten die Händler im Hochland Kürbisse und brachten sie mit. Die Kürbisse höhlten sie aus und benutzten sie als Schwimmkörper für die Netze. Damit machten die Fischer nun große Fänge und lebten viel angenehmer.

Auch die Hochlandbewohner tauschten gerne. Denn in ihrer einseitigen Ernährung aus Kartoffeln, Quinoa und Mais fehlten das Salz und das Eiweiß der Fische. Die Hochlandbewohner handelten aber auch

Von den riesigen Anlagen Chavins ist der zentrale Tempel ausgegraben worden.

nach der anderen Seite des Landes mit den Regenwaldbewohnern und bekamen von ihnen Fleisch, Felle, Harz und Holz. Doch nicht nur Güter wurden zwischen den Küstenbewohnern, den Hochland- und den Regenwaldbewohnern ausgetauscht, auch Ideen und Kultur!

Vorher hatten die Menschen jedes Stammes, jeder Kultur, für sich gelebt, von dem, was sie unmittelbar um sich herum hatten. Doch dann, vor etwa dreitausend Jahren, entstand eine Kultur für ganz Peru: die Chavin*-Kultur. In den großen, dreitausend Jahre alten Tempelanlagen von Chavin, im dreitausend Meter hohen Gebirge, finden wir heute noch die Steinritzungen von Jaguaren und Schlangen des Regenwaldes ebenso wie von Lamas des Hochlandes und kostbaren Purpurschnecken der Meeresküste.

* Sprich: Tschawín

Diese erschreckende Gottheit aus Chavín trägt in den Händen Bündel von Regenwaldschlangen.

Handel und Austausch von Ideen und Kulturen waren die Voraussetzung dafür, dass die erste Hochkultur für das ganze Land entstehen konnte, dass aus den einzelnen Stämmen ein ganzes Land «Peru» wurde – ein Land, in dessen Name schon Wasser, Quellen und Goldreichtum klangen!

Die Inkas, die später die Herrschaft über Peru übernahmen, verknüpften mit ihren Straßen und ihrer Organisation die entfernt liegenden Teile des Landes noch stärker und regierten erfolgreich über das ganze Land. Als die Spanier in Peru eintrafen, fanden sie das vielleicht reichste und bestorganisierte Land ihrer Zeit vor. Gold, Kupfer, Kautschuk, Erdöl, Guano, Fisch, Alpakawolle, edle Hölzer und Papageien waren und sind immer noch große Schätze Perus.

Welches ist der größte Schatz? Der größte Schatz ist wohl der, wie die Menschen gemeinsam mit diesen Reichtümern umgehen. Das ist ein Schatz, der vielleicht erst in der Zukunft gehoben wird!

III. KANADA – WEITES LAND UND WEITE «SIEDLUNG»

Der Ausflugsdampfer verschwindet fast unter den Wasserschauern des Niagarafalles.

Der Osten

Niagara

Schon von Weitem hört man ihn rauschen. Der flaschengrüne Fluss tobt und braust. Weiß schäumende Gischt kräuselt sich an der Oberfläche in sich immer wandelnden Wirbelformen.

Vorsichtig fährt das Ausflugsboot auf das Rauschen zu. Lauter und lauter rauscht, donnert und brüllt das herabstürzende Wasser. Mit Schwung schießt es erst dunkelsmaragdgrün und waagerecht in die Luft und neigt sich dann im perfekten Bogen nach unten. Teils löst es sich schon jetzt in weiße Schauer und Wasserwolken auf. Teils stürzt es trudelnd nach unten, bis die Wassermassen nach langen Sekunden tosend und donnernd auf Wasser und Felsbrocken aufkrachen. Wie eine Explosionswolke stäuben die Wassertropfen weit über hundert Meter nach oben und regnen gleich darauf wieder ab.

Alle Passagiere auf dem Boot haben dünne, wasserdichte Regenmäntel ausgehändigt bekommen und übergezogen. Ist das nicht ein bisschen übertrieben an einem so sonnigen und warmen Tag? So ein paar Wasserspritzer?

Doch aus den anfänglichen Wasserspritzern werden Schauerduschen, die in heftigen Böen von vorne und von oben und von überallher auf das Boot prasseln. Es donnert und tobt. Selbst die Regenmäntel knattern lautstark in den heftigen Sturmböen. Die Sonne am eigentlich blauen Himmel verschwindet als blasse Scheibe hinter den Wassersturzwolken. Das Schiff schwankt. Oben, unten, rechts, links und vorne sind wir in einem riesigen Halbkreis von den weißen, donnernd-rauschenden Schauern des Wasserfalles umgeben. Manchmal ist nicht einmal mehr ganz klar, wo oben und unten ist. Fotografieren kann man gar nicht mehr – außer mit wasserdichten Kameras. Vom Ufer, den Felswänden und der Bootsanlegestelle ist nichts mehr zu sehen. Bis zu fünf Millionen Liter Wasser stürzen in jeder Sekunde herab – mehr als bei jedem anderen Wasserfall der Welt.

Zum Glück wendet der Kapitän das Schiff, bevor es zu dicht an die stürzenden Wassermassen herangetrieben ist. In einer Sekunde wäre das gesamte Schiff mit Wasser gefüllt und damit so schwer, dass es sinken müsste.

Erleichtert ziehen wir uns die Regenmäntel wieder aus und wischen uns das kalte Wasser aus dem Gesicht. Manch einer ist noch blass um die Nase. Wir schauen auf die Felswände, die direkt neben der Anlegestelle aufragen. Sie sind so steil und so nahe am Wasser, dass die Zugangstreppe in den Fels hineingesprengt werden musste. Es wäre sonst kein Platz gewesen.

Die Wand direkt hinter dem Wasserfall steigt fast senkrecht fünfzig Meter vom Fluss aufwärts. Sie besteht aus graubraunem Kalkstein in Dutzenden von flachen Schichten. Die unteren Schichten sind recht weich, doch die oberste Schicht ist sehr hart. Mit jedem Wassertropfen nagt der Fluss an den Schichten. Die unteren höhlt er allmählich aus. Die oberen widerstehen lange. Doch wenn auch von der obersten Schicht etwas abgeschliffen, abgebrochen und abgeschwemmt ist, dann gibt es für die Schichten darunter erst recht kein Halten mehr. Sie werden schnell abgetragen. So entsteht eine steile, senkrechte Wand, die unterhalb der obersten Schicht immer weiter ausgehöhlt wird. Wenn sie erneut zu tief ausgehöhlt worden ist, brechen wieder tonnenschwere Gesteinsbrocken der obersten Schicht herab. Hunderte solcher riesiger Brocken liegen am Fuß des Wasserfalles. Der Niagarafall rückt damit jedes Mal weiter flussaufwärts, Jahr für Jahr einen Meter – elftausend Meter seit seiner Entstehung am Ende der letzten Eiszeit vor elftausend Jahren.

Vierzehn Millionen Besucher kommen jedes Jahr aus aller Welt, um das gewaltige Spektakel der Niagarafälle zu bewundern.

Die ersten Europäer in Kanada

Wo liegen die Niagarafälle? Von Frankfurt aus fliegt man mit dem Linienflugzeug über Belgien, Holland, England und Irland, dann viele Stunden über den immer grau bewölkten Nordatlantik, an den Vulkanen Islands und der Südspitze von Grönland vorbei, immer weiter nach Westen bis an die neufundländische Küste, den östlichsten Zipfel Kanadas. Dann folgt das Flugzeug dem Sankt-Lorenz-Strom bis an den Ontariosee und landet in Toronto. Insgesamt sind es acht bis neun Stunden Flug. In Toronto steigt man in den Langstreckenbus und erreicht nach zwei Stunden die kleine Ortschaft Niagara Falls.

Wer nicht fliegen will, kann mit dem Linienschiff von Hamburg in sieben Tagen bis New York über den Atlantik fahren. Ein Frachtschiff braucht etwa elf Tage. Von New York gibt es ebenfalls einen Linienbus, der in neun bis zehn Stunden in Niagara Falls eintrifft. – Das ist heute noch eine sehr lange Reise, aber sie ist sehr schnell im Vergleich zu den Fahrten der ersten Entdecker.

Schon vor etwa tausend Jahren erreichten die Wikinger mit ihren hochseetüchtigen, schnellen Schiffen die Ostküste im Norden Amerikas. Heute noch findet man Reste von Dörfern und Häusern der Wikinger. Die drangen aber nicht tiefer ins Landesinnere vor, sondern blieben an der Küste und gelangten bestimmt nicht bis zu den Niagarafällen. Erst fünfhundert Jahre später, 1535, erreichte wieder ein

Europäer, der französische Forscher Jacques Cartier, nach vielen gefährlichen Wochen auf dem Nordatlantik die Ostküste Amerikas. Er querte den Atlantik südlicher als die Wikinger und fand die Mündung eines riesigen Stroms vor, größer als alle europäischen Flüsse, und nannte ihn Sankt-Lorenz-Strom. Er segelte mit seinen zwei Schiffen mehrere Tage lang stromaufwärts, was gegen den Strom sehr mühsam ist und nur gelingt, wenn ein geeigneter Wind die Segelschiffe vorantreibt.

Die Indianer am Ufer des Stromes erzählten ihm von den «donnernden Wassern», die «Niagara» – so nannten die hier lebenden Irokesen die Wasserfälle. Doch so weit segelte Jacques Cartier nicht hinauf. Er suchte eine Stelle, wo er Häuser bauen und eine Stadt gründen konnte. Die Niagarafälle wären zu wild gewesen, die Ufer zu hoch und zu steil. Nirgends hätte er mit seinen Schiffen einen sicheren Ankerplatz finden können. Und für eine Stadt gab es erst recht keinen Platz.

Erst siebzig Jahre später, 1608, fand Samuel de Champlain, ebenfalls ein französischer Forscher, die ideale Stelle. Achthundert Kilometer unterhalb der Niagarafälle mündete ein zweiter Strom in den Sankt-Lorenz. In dem Dreieck zwischen den beiden Strömen lag ein schmaler Streifen flaches Land – gerade breit genug für einen Hafen und fünf bis sechs Häuserreihen. Dahinter erhob sich senkrecht eine fünfzig Meter hohe Felswand. Dorthin würden so leicht keine Feinde gelangen. Dort baute er eine Festung, die fast unbesiegbar schien. Er nannte diese allererste Stadt Quebec*, ein Name, den die Algonkin-Indianer verwendeten und der so viel heißt wie «wo sich der Fluss verengt». Das ganze Land nannte er Kanada. Das war der erste Name, den er in einer Indianersiedlung gehört hatte. «Kanata» bedeutet aber eigentlich nichts anderes als nur «Siedlung».

In Quebec ist es zwar im Winter sehr kalt, bis −40 Grad Celsius, und es gibt sehr viel Schnee. Doch die Sommer sind warm, sogar heiß,

* Sprich: Ke-béck

*Das Zentrum Quebecs sieht noch aus wie im 17. Jahrhundert, doch dahinter
liegt der moderne Hafen.*

bis +40 Grad Celsius – warm genug, dass die neu aus Frankreich angekommenen Siedler ihr eigenes Getreide und Gemüse anbauen und
ihre eigenen Kühe und Schafe halten konnten. Denn wovon hätten sie
sonst in den riesigen Wäldern des neuen Landes leben sollen?

Pelzhändler und Waldläufer

Das war aber für die ersten Siedler nicht der Hauptgrund, weshalb
sie die lange Reise gemacht hatten. Sie hatten alles, die Heimat, die
Familie und alles Liebgewonnene, verlassen und würden es nie wieder-
sehen. Der Hauptgrund war für die ersten Ankömmlinge, dass es in

dem waldreichen Land anscheinend unendliche Mengen an Tieren mit den feinsten und weichesten Pelzen gab: Biber, Fischotter, Fuchs, Wolf, Moschusratten und viele Tiere mehr, die in Europa längst selten geworden waren. Die ersten Ankömmlinge waren Jäger und Pelzhändler.

Die Tiere lebten in den dichten Wäldern aus Buchen, Eschen und Ahorn und in den Bächen, Flüssen und Seen dieser Wälder. Die Wälder schienen das ganze Land um die neue Siedlung Quebec zu bedecken. Gab es denn keine Dörfer oder Städte? War der ganze Kontinent nur mit Wald bedeckt? Doch – einige der mit Champlain ausgewanderten Franzosen hatten das neue Land inzwischen erkundet. Sie wurden «couriers du bois», «Waldläufer»[*], genannt. Sie hatten die versteckt liegenden Dörfer der «Indianer»[**] entdeckt und waren von ihnen eingeladen worden. Allmählich hatten sie sogar die Sprachen der Irokesen und Wendat gelernt. Sie nannten die Wendat jedoch Huronen, da diese zu jener Zeit vor allem am Huronsee ihre Dörfer hatten.

.

Wendat-Huronen

Die Wendat-Huronen schlugen kleine Lichtungen in den Wald, wo sie ihre Langhäuser aus den Stämmen der Amerikanischen Lebensbäume bauten. Die Langhäuser waren groß und geräumig und wie ein halbiertes, auf der Seite liegendes, zweistöckiges und langgestrecktes Fass gebaut. Sie boten Platz für eine Familie von dreißig bis vierzig Kindern, Eltern, Großeltern, Onkeln und Tanten.

[*] James Fenimore Cooper hat in seinem Roman *Lederstrumpf* einem solchen Waldläufer ein Denkmal gesetzt.

[**] In Kanada heißen die ursprünglichen Bewohner inzwischen «First Nations», also die «Ersten Nationen». Sie selber benennen sich meist mit dem Namen ihres Volkes. Heute gibt es über sechshundert solcher «Nationen».

In dem traditionellen Langhaus werden auch Brennholz und Felle getrocknet.

In der Mitte brannten mehrere Feuer, die immer in Gang gehalten und bewacht wurden. Ein Haus ohne brennendes Feuer galt als «tot». An den Längsseiten zogen sich zwei Reihen hoher und breiter Gestelle entlang. Darin lagerte unten das Feuerholz, das dort allmählich trocknete. Darüber waren die Betten angebracht: hölzerne Bretter, auf denen weiche Pelze als Matratzen und Decken dienten. In den Gestellen darüber waren frisch abgehäutete Felle und Pelze aufgespannt, die dort trockneten und später weiter gegerbt wurden. Auch die nasse Kleidung trocknete hier. Waffen, Speere, Pfeile und Bögen sowie Fallen für die Jagd lagerten ebenfalls hier vor dem Regen geschützt.

Für ein Langhaus war die jeweils älteste Frau der Familie verantwortlich, da sie die meiste Erfahrung hatte. Die Frauen arbeiteten im Haus und auf den Feldern, die Männer jagten und fischten.

*Die Männer der Wendat-Huronen
tragen auch heute oft lange Haare.*

Wenn eine junge Frau heiraten wollte, suchte sie einen Mann – nicht umgekehrt! Sie lud ihn dann für drei Wochen in das Langhaus ihrer Familie zur Probe ein. Danach überreichte die Familie des Mannes der Frau zahlreiche Geschenke, und es wurde ein großes Fest gefeiert. Die Heirat war jedoch erst gültig, wenn das erste Kind geboren war.

Auf den kleinen Feldern bauten die Frauen Mais, Bohnen und Kürbisse an. Nach etwa zwanzig Jahren waren jedoch die Böden erschöpft. Dann verließen die Wendat das Dorf, rodeten in einiger Entfernung ein neues Stück Wald und bauten neue Langhäuser.

Während der Jagdsaison zogen die Männer oft viele Tagesreisen durch den Wald. Dabei nahmen sie die Tipis mit sich: schwere Zelte aus fünf Meter langen Holzstangen, die mit derbem Leder bespannt waren. In den langen und sehr kalten Wintern gab es nichts zu ernten und nur selten etwas zu jagen. Im Herbst legten die Wendat deshalb Vorräte an. Die gefangenen Fische wurden auf Gestelle gehängt, mit feuchtem Holz geräuchert und anschließend getrocknet. In großen

Mörsern stampften die Frauen die trockenen Fische zu einem weißen Pulver, das mit Bärenfett verschmiert wurde und monatelang haltbar war: Pemmikan* sättigte gut, hatte allerdings nur wenig Geschmack.

Wie wurde das Essen zubereitet? Meist über dem Feuer gebraten, denn es gab keine Kochtöpfe. Die Indianer konnten weder Eisen zu Töpfen verarbeiten noch Ton zu Gefäßen formen und brennen. Doch wenn sie etwa eine größere Menge Wasser erhitzen wollten, etwa um sich im Winter einmal zu waschen, flochten die Frauen aus dünnen Fichtenwurzeln einen Korb – so dicht und fest, dass kein Wassertropfen hindurchsickerte. Natürlich konnte man diesen Topf nicht über ein Feuer hängen. Stattdessen erhitzten sie Steine im Feuer und warfen die heißen Steine dann in den wassergefüllten Topf.

Von den Hirschen, Wölfen und Bibern, die die Jäger erlegten, um das Fleisch zu essen, bekamen sie mehr Felle, als sie für die Zelte, die Kleidung und die Decken brauchten. Seit die französischen und englischen Händler da waren, tauschten sie bei diesen die Felle gegen Geräte, die sie selber nicht herstellen konnten: metallene Kochtöpfe, stählerne Messer und Äxte, Glasperlen, aber auch Gewehre und Munition. Mit den Gewehren konnten sie viel mehr Pelztiere jagen als mit Pfeil und Bogen oder mit Fallen. Bald jagten sie nur noch Pelztiere für die europäischen Händler. Die Handelsgesellschaften, vor allem die Hudson Bay Company**, wurden reich dabei, denn Pelze waren in Europa wertvoll und teuer. Doch bald waren die Biber alle erlegt, die Biberburgen waren verwaist.

---

* Andere Stämme stellten Pemmikan auch aus getrocknetem Fleisch und Fett her.
** Die Hudson Bay Company hatte vom englischen König das alleinige Recht, das Monopolrecht, auf den Pelzhandel erhalten und war deswegen die erste und lange Zeit die einzige Pelzhandelsgesellschaft.

Krieg in Europa und Kanada

Ursprünglich lebten in dem Gebiet der heutigen Provinz Quebec nur die Irokesen und die Wendat-Huronen. Irokesen und Wendat waren untereinander verfeindet – aus Gründen, die schon lange zurücklagen. Beide erhofften sich deshalb von den Europäern Hilfe gegen ihre Feinde: die Wendat von den Franzosen, die Irokesen von den Engländern.

Doch in Europa herrschte Krieg. Seit 1756 kämpften Engländer, Franzosen, Preußen, Österreicher und Russen um die mächtigste Stellung in Europa. Noch während dieses Krieges ließ der englische Schatzmeister William Pitt fünfhundert zusätzliche Schiffe bauen und mit Kanonen ausrüsten. Unbemerkt verließ diese gewaltige Flotte England und segelte über den Atlantik und den Sankt-Lorenz-Strom hinauf.

Am 26. Juni 1759 schauten die französischen Bewohner Quebecs erschreckt auf ihren Fluss. So weit das Auge reichte, zogen englische Kanonenboote heran. Quebec war aber auf seinem steilen Felsen viel zu gut geschützt und mit hohen Mauern befestigt, als dass es leicht zu erobern gewesen wäre. Die Engländer belagerten Quebec fast drei Monate lang. Doch in der Nacht zum 13. September fuhren einige englische Schiffe unbemerkt stromaufwärts. Über fünftausend Soldaten erklommen unter General Wolfe von hinten die Ebenen von Quebec. Als der französische General Montcalm es bemerkte, ließ er sofort die französischen Truppen aufmarschieren. In dieser Schlacht auf den Abraham-Ebenen verloren beide Generäle und über tausend Soldaten ihr Leben. Doch am Ende siegten die Engländer und eroberten Quebec. Vier Jahre später musste der französische König die kanadischen Provinzen offiziell an England abtreten. Kanada gehörte damit zum englischen Königreich.

Die Franzosen waren besiegt, und damit hatten die Wendat ihre Verbündeten gegen die Irokesen verloren. Das war schlimm. Viel schlimmer aber traf es sie, dass die französischen Händler, Waldläufer und

Missionare unbemerkt Krankheiten mit sich gebracht hatten, mit denen sie die Indianer angesteckt hatten. Diese Krankheiten waren für die Europäer unangenehm: Grippe, Masern und Pocken. Doch für die Indianer endeten sie meist tödlich. Viele Wendat starben.

Die Übriggebliebenen wollten ihre Dörfer aufgeben und weiterziehen, da die Felder wieder einmal erschöpft waren. Überall in ihrer Umgebung lebten aber nun Irokesen, die von den Engländern beschützt wurden – noch immer ihre Feinde. Dort konnten sie nicht hin. So zogen sie aus ihrer alten Heimat immer weiter fort – weiter und weiter. Immer wieder wurden sie vertrieben, bis sie nach zwanzig Jahren schließlich ein sicheres Gebiet fanden, ganz in der Nähe von Quebec, aber über tausend Kilometer weit von ihrer alten Heimat entfernt. Von den ursprünglich vierzigtausend Wendat kamen nur noch dreihundert an. Diese kleine Gruppe war zu schwach, um sich wehren zu können. Immer wieder nahmen ihnen die Europäer größere Teile des neuen Gebietes ab. Schließlich blieb ihnen 1890 nur noch ein Gebiet von drei Quadratkilometern als Reservat.

Denn in Kanada lebten inzwischen viel mehr Europäer: Franzosen, Engländer, Iren, Schotten, Deutsche, Polen, Norweger und viele andere. Überall wurden die Indianer jetzt aus ihren angestammten Gebieten vertrieben und in solche Reservate – oft sehr weit weg – abgeschoben.

Wentake

In Wentake, dem heutigen Dorf der Wendat, leben jetzt 1300 Wendat. Sie wohnen nicht mehr in Langhäusern, sondern in modernen Holzhäusern wie ihre europäischstämmigen Nachbarn auch. Die meisten sind Handwerker und verarbeiten das Holz der umliegenden Wälder

Eine junge Frau in der traditionellen Wendat-Kleidung

zu Parkett, Holzhäusern, klassischen Schneeschuhen, aber auch zu den traditionellen Kanus. Andere nähen Mokassins und Handschuhe aus Karibuleder*, wieder andere bauen moderne Schneeschuhe aus Aluminium und Plastik. Für Besucher haben sie ein traditionelles Dorf aufgebaut. Dort zeigen sie die alte Lebensweise. Sie tragen dabei ihre traditionellen Gewänder aus Hirschleder, die mit kleinen, bunten Glasperlen bestickt sind, und ebenso bestickte Mokassins. Außerhalb des traditionellen Dorfes tragen sie dann die normale westliche Kleidung. Catherine hat lange blonde Haare und sieht gar nicht aus wie eine Indianerin. Ihre Mutter ist Wendat, ihr Vater Engländer. Sie führt die Besucher und erklärt das Leben im Langhaus, erläutert die Tipis und die Schwitzhütten und zeigt das Schamanenhaus. Doch das tut sie nur in den Semesterferien. Später möchte sie alles einmal in deutscher Sprache erklären. Deshalb studiert sie Deutsch an der Universität im bayrischen Passau.

* Karibu ist der amerikanische Name für das Rentier.

In Wentake haben selbst die Schilder einen eigenen Stil.

Wentake hat alles, was ein Dorf braucht: eine Grundschule, Sport-plätze mit Fußball- und Hockeyfeld, einen Skate-Park, eine katholische Kirche, eine Polizeistation mit fünf Polizeiautos und neun Wendat-Polizisten. Den Bewohnern geht es gut, da sie genug Arbeit und Ein-kommen haben. Sie müssen in ihrem Reservat keine Steuern bezahlen und können ihre Waren gut in das nahe gelegene Quebec verkaufen. Auch die Schüler der Oberstufe und die Studenten können täglich mit dem Bus eine Stunde weit bis Quebec fahren.

Die meisten «First Nations» leben dagegen in Reservaten, die weitab, manchmal mehrere Tagesreisen weit von der nächsten Stadt entfernt liegen. Die meisten haben keine Arbeit, kein Geld und keine Abwechslung. In ihrer Verzweiflung trinken sie billigen Alkohol oder schnüffeln Lösungsmittel, um sich zu betäuben. Wenn ein Kind nicht nur die Grundschule, sondern auch eine höhere Schule besuchen will, muss es seine Familie verlassen und weit entfernt in eine fremde Stadt auf ein Internat gehen. Für viele Kinder ist das eine furchtbare Qual, die sie auch später nie mehr vergessen können!

Die Niagararegion heute

Zwischen Quebec, der ältesten Stadt Nordamerikas, und den Niagara-fällen liegen heute die größten und bedeutendsten Städte Ostkanadas: Montreal, Toronto und die Hauptstadt Ottawa. Sie sind alle an Flüssen gelegen, die in den Sankt-Lorenz-Strom münden, oder am Ontariosee, durch den der Niagarafluss hindurchfließt. So waren sie von Anfang an alle gut untereinander mit Booten und Schiffen erreichbar. Hier haben sich auch die heutigen großen Industriewerke für Flugzeugbau, Trieb-werkbau und Eisenbahnbau angesiedelt.

Viele dieser Industrieprodukte werden nach Europa ausgeführt. Der Hafen von Quebec ist heute die wichtigste Verbindung, denn von hier aus können auch die größten Schiffe über den Sankt-Lorenz-Strom di-rekt nach Europa fahren – und natürlich umgekehrt auch Waren aus Europa nach Kanada bringen.

Toronto ist eine ganz moderne Weltstadt.

Toronto

Wer heute im Sommer noch Toronto kommt, findet eine meist sonnige Stadt unter blauem Himmel vor, durch die eine warme und oft heiße Luft weht. Dann kann sich niemand mehr vorstellen, wie schneidend kalt und klatschnass noch vor wenigen Wochen der scharfe Frühlingswind durch die schnurgeraden Straßen fegte und wie sich die Fußgänger in die Hauseingänge der Hochhäuser drückten, um sich vor den peitschenden Regenschauern zu schützen. Und der Winter? Da ist Toronto völlig verwandelt. Niemand läuft dann gerne durch die Straßen, wenn Temperaturen von −25 °C herrschen und ein Blizzard, ein eisiger Schneesturm, durch die Stadt jagt. Selbst die Pelzmützen, Pelzmäntel, Pelzstiefel und Pelzhandschuhe halten dann nicht mehr warm. Doch die Bewohner Torontos hatten eine Idee, wie sie dem eisigen Winter entgehen könnten: Sie verlegten Cafés, Einkaufsstraßen und Plätze unter die Erde. Toronto hat über achtundzwanzig Kilometer solcher unterirdischer Einkaufsstraßen, sodass man über sieben Stunden braucht, um alle einmal entlangzuspazieren. Selbst im wildesten Wintersturm kann man hier elegant entlangschlendern und in einem Straßencafé sitzen, beheizt und vor dem eisigen Wind geschützt.

In dem heißen, trockenen Sommer ist es hier unter der Erde hingegen angenehm kühl, sodass auch dann viele Menschen gerne einkaufen gehen. Die meisten aber zieht es hinaus in die grünen Parks und auf die großen Plätze, wo im Sommer ein Musikfestival auf das andere folgt. Oft sind es sogar mehrere Festivals gleichzeitig: Jazz, Pop oder klassische Musik. Selbst am Ufer des Ontariosees wurden die alten Hafenschuppen und Lager abgerissen, es wurde Sand für Strände aufgeschüttet und Platz zum Flanieren und für Musikaufführungen geschaffen.

Ganz Kanada

Kanada ist so groß wie Europa. Doch liegt es als Ganzes weiter nördlich, hat also die größten Teile seines Gebiets in den kalten Regionen.

Europa ist in viele Inseln und Halbinseln wie die Britischen Inseln, Spanien, Italien und Griechenland aufgegliedert. Kanada hingegen besteht größtenteils aus einer zusammenhängenden Landmasse. Es hat zwar auch viele Inseln. Doch sind die meisten kaum bewohnt, denn sie liegen im extrem kalten, unwirtlichen Polargebiet. Kanada ist einheitlicher als Europa. Es besteht nur aus wenigen großen, doch sehr unterschiedlichen Landschaften. Man kann viele Stunden oder sogar Tage durch die Wälder Ostkanadas, die Polargebiete Nordkanadas oder die Weizengebiete der mittleren Ebenen fahren, ohne dass die Landschaft sich ändert. Das ist in Europa ja ganz anders. In wenigen Stunden haben wir Italien im Süden oder Norwegen im Norden erreicht, wo es ganz anders aussieht als bei uns. Die größten Landschaften Kanadas:

1. Ein klimatisch mildes Gebiet von Laubwald erstreckt sich am Sankt-Lorenz-Strom und an den großen Seen mit den wichtigen Städten Toronto, Montreal und Ottawa.
2. Ein riesiges Nadelwaldgebiet, die Taiga, dehnt sich quer durch Kanada von der östlichen Spitze Kanadas auf Neufundland bis fast an die westliche Grenze, an die Grenze zu Alaska, aus.
3. In den Prärien Mittelkanadas östlich der Rocky Mountains fällt so wenig Regen, dass keine Bäume, sondern nur die hohen Präriegräser gedeihen können. Große Städte sind Edmonton und Calgary.
4. Der gesamte Norden ist ein ausgedehntes Gebiet von Tundra mit niedrigen Sträuchern und weiten Flächen ewigen Eises. Hier gibt es keine größeren Städte. Keine Straßen führen hierher.

Die zentrale Innenstadt von Vancouver liegt direkt am Wasser –
hier aus der Pilotenkanzel des Wasserflugzeugs gesehen.

5. Die Rocky Mountains ziehen sich mit mehreren Gebirgsketten und Tälern von Süden nach Norden durch Westkanada hindurch.
6. Ein schmaler Streifen kühler, immer nasser Regenwald mit riesigen Nadelbäumen wächst an der Westküste Kanadas; dort gibt es nur zwei große Städte: Vancouver und Victoria.

Das Mittelland der Prärien

Das Flugzeug startet von Toronto nach Edmonton in westnordwestlicher Richtung, fliegt an den Niagarafällen vorüber und überquert bald die großen Seen: Ontariosee, Huronsee, einen Zipfel des Michigansees und den Oberen See. Nur der Eriesee bleibt im Süden zurück. Die großen Seen haben die Größe von Meeren. Zusammengenommen ist ihre Fläche fünfhundertmal so groß wie der Bodensee oder so groß wie die Schweiz, Österreich, Tschechien und die Slowakei zusammen.

Westlich der großen Seen breitet sich flaches oder leicht welliges Land aus. Tausende von Kilometern von jedem Meer entfernt ist die Luft hier so trocken, dass es nur wenig regnet – zu wenig für Bäume und Wälder. Ursprünglich bedeckten hier brusthohe Gräser die endlosen Weiten bis zum Horizont und wogten in jedem Windhauch: die berühmten Prärien, die sich bis weit nach Süden in die USA* erstreckten.

Der Flug von Toronto nach Edmonton dauert heute sieben Stunden – etwa so weit wie ein Flug diagonal durch Europa von Glasgow bis Istanbul. Als die ersten Siedler hierherkamen, brauchten sie für diese Strecke viele Wochen. Denn durch die Wälder gab es keine Straßen und keine Wege. Sie mussten mit indianischen Kanus aus Birkenrinde paddeln. Viele Flüsse und Seen waren miteinander verbunden, sodass sie gut durchkamen. Doch immer wieder gab es Strecken dazwischen, wo sie die Kanus tragen mussten. Anschließend mussten sie wieder zurücklaufen, eine Portion Gepäck schultern, wieder zurücklaufen, die nächste Portion Gepäck holen usw. Diese Portagen** konnten mehrere Kilometer lang sein.

 * USA: United States of America
 ** Französisch, sprich: Portáschen

*Nur dort, wo die Prärie streng geschützt oder sogar wiederhergestellt wird,
sieht sie noch so blumenreich aus wie hier.*

Erst, wo der Wald endete und das Grasland der Prärie begann, konnten sie die Kanus zurücklassen.

Die ersten Siedler in der Prärie

Die Ersten, die kamen, waren Trapper und Pelzhändler, die hier Handelsposten errichteten. Dann kamen Bauern, denn der Boden der Prärie ist fast schwarz, humusreich und fruchtbar. Die geringe Regenmenge ist ideal, um Weizen anzubauen. Die Bauern verwandelten so die Grasländer allmählich in Weizenländer. Sie ernteten so viel Weizen, dass sie nicht alles zu Brot backen konnten. Doch wohin mit dem Weizen? Verkaufen konnten sie ihn nicht, denn jeder in der Nachbarschaft hatte selber genug. Die Menschen in den Städten Toronto, Montreal und Quebec brauchten viel Weizen. Doch wie sollten sie den Weizen in die Städte transportieren? Die schmalen, leicht zerbrechlichen Kanus trugen nicht genügend Last, als dass sich die lange Reise gelohnt hätte, und größere Boote konnten sie nicht über die Portagen tragen.

Im Jahre 1871 beschloss die Regierung, eine Eisenbahnstrecke quer durch Kanada zu bauen – ein gewaltiges Vorhaben, das erst 1885 vollendet wurde. Entlang der neuen Eisenbahnstrecken siedelten sich immer mehr Menschen an, denn nun war es leicht, die Prärien in wenigen Tagen zu erreichen. Und es war leicht, den Weizen in die Städte zu befördern.

Edmonton

Edmonton war vor dem Bau der Eisenbahn ein solcher Handelsposten der Hudson Bay Company, wo die Cree- und die Schwarzfuß-Indianer Felle und Pelze gegen Töpfe und Waffen eintauschten. 1891 gelangte dann ein Abzweig der Eisenbahn auch bis nach Edmonton. Bis dahin lebten dort erst siebenhundert Menschen. Doch mit der Eisenbahn wurden es schnell mehr. Als hoch im Norden Kanadas, im Gebiet des Yukon-Flusses, das erste Gold gefunden wurde, kamen die Goldsucher mit der Eisenbahn bis nach Edmonton, der letzten Station der Zivilisation. Dahinter gab es nur noch Wildnis. Manche von ihnen blieben für immer in Edmonton.

Mit der Bahn kamen auch Siedler und Bauern, die die Prärien von Edmonton pflügten und in Weizenfelder und Rinderweiden verwandelten. In Edmonton wurden Schlachthäuser für die Rinder gebaut

Ein Bohrturm auf den Ölfeldern von Edmonton.

und große Mühlen, um das Getreide zu Mehl zu mahlen. Nach vierzig Jahren lebten bereits achtzigtausend Menschen in Edmonton.

1942 beschloss die kanadische Regierung, eine Straße in den äußersten Nordwesten Kanadas bis an die Grenze von Alaska zu bauen. Um diesen über 2200 km langen «Highway» zu bauen, kamen Hunderte Straßenarbeiter nach Edmonton. Alles, was sie an Essen, Kleidung und Werkzeugen brauchten, kauften sie dort. Neue Läden wurden überall in der Stadt gegründet.

Öl!

Zur selben Zeit wurde bei einer Bohrung außerhalb von Edmonton Erdöl gefunden. Immer mehr Ingenieure, Arbeiter und Glückssucher

Langsam bewegen sich diese riesigen Ölpumpen auf und ab
und fördern das Erdöl herauf.

ließen sich hier nieder. Hunderte von Firmen versorgten die Ölbohr-
unternehmen mit Bohrtürmen, Bohrköpfen, Verlängerungsstangen,
Lagerhallen, Planierraupen, Sattelschleppern und vielem mehr. Nicht
zuletzt kamen Versicherungen und Banken, die das Geld für die teuren
Maschinen verliehen und nach einigen Jahren mit Zinsen zurückbe-
zahlt bekamen. Raffinerien verarbeiten das Erdöl zu Benzin, Diesel,
Kerosin, Erdgas und Asphalt für den Straßenbau.

Heute leben in Edmonton über achthunderttausend Menschen, die
fast alle mit der Förderung und Verarbeitung von Erdöl beschäftigt
sind. Das Öl hat die Menschen steinreich gemacht. Sie wohnen in ge-
räumigen Häusern und fahren große, PS-starke und chromblitzende
Geländewagen.

Sobald ein Lager gefunden und angebohrt ist, schießt das schwarze

Öl von selbst heraus. Man muss natürlich dafür sorgen, dass es in die Rohrleitungen gelangt und nicht daneben, wo es die Felder vergiften würde. Auch darf sich dabei kein Erdgas entzünden. Das würde eine Explosion geben, die die Bohrtürme und Pumpen in die Luft sprengen würde.

Aber wenn alles gut installiert ist, kann der Bauer, dem das Feld gehört, gleich neben der Pumpe ungestört sein Getreide anbauen. Anfangs hoffte jeder, dass auf seinem Grundstück auch Öl gefunden würde. Heute jedoch möchte kein Bewohner von Edmonton, dass eine Pumpe näher als hundert Meter bei seinem Haus steht. Das Öl stinkt. Und immer wieder kommt es vor, dass Kinder über die Absperrung klettern, an den auf und ab nickenden Pumpen spielen und sich die Hand oder den Arm quetschen oder gar abreißen. Auch wenn das mitgeförderte Erdgas abgefackelt werden muss und als himmelhoch brennende und rußend-stinkende Flamme emporschlägt, möchte das niemand in seinem Garten haben.

Doch nur anfangs schoss das Öl so kräftig aus dem Boden heraus, sobald der Bohrer ein Lager getroffen hatte. Wenn heute ein neues Öl-gebiet angebohrt wird, tröpfelt das Öl nur noch schwach heraus – oder auch gar nicht mehr.

Um dem Öl nachzuhelfen, fahren riesige Tankwagen an den nächsten Bach und pumpen sauberes Bachwasser in den Tank. Dann mischen sie verschiedene Chemikalien und Sand hinein. An der Ölquelle pressen sie dann das Wasser-Chemikalien-Gemisch mit Hochdruck in das Ölgebiet. Durch den Wasserdruck sprudelt nun das Öl heraus. Das Wasser und die Chemikalien bleiben im Boden. Das Wasser ist wegen des Öls und der Chemikalien stark verschmutzt und ungenießbar. Es darf auf keinen Fall in das Trinkwasser gelangen.

Bitumensande

Immer mehr Öl wird in aller Welt gebraucht für Benzin, Diesel und Heizöl, um Autos, Schiffe und Flugzeuge zu bewegen, um Häuser zu heizen und um in Kraftwerken elektrischen Strom zu erzeugen. Das Öl wird knapp, und es wird teurer und teurer. Deshalb suchen die Ingenieure heute überall nach Öl. Sie suchen selbst dort, wo es gar nicht fließt, sondern als zähe, feste Masse im Sand festgebacken klebt oder als dünne Asphaltschicht zwischen Schiefergesteinsschichten eingezwängt lagert. Vierhundert Kilometer nördlich von Edmonton liegt Fort McMurray, das ebenfalls zur Provinz Alberta gehört. Dort entdeckten die Ingenieure unter der Erde riesige Lager solcher Bitumensande* und Bitumenschiefer. Die Lagerstätten sind doppelt so groß wie Bayern und die zweitgrößten der Welt. Könnte man Öl aus diesen Bitumensanden gewinnen, so könnte das für mehrere Jahrzehnte genug für die ganze Welt sein. Die Ölfirmen könnten unermesslich reich werden. Hier geht es nicht nur um Milliarden, sondern um Billionen Dollar! Schon heute zahlen die Ölfirmen in Fort McMurray doppelt so hohe Gehälter an ihre Mitarbeiter wie im übrigen Kanada. Jeder möchte etwas von diesem Reichtum abbekommen. Doch wie macht man aus Bitumensand Öl?

Zunächst einmal muss der Wald weg, die Moore müssen weg, die Flüsse müssen weg. Denn die Bitumensande liegen in etwa dreißig Meter Tiefe. Die größten Bagger der Welt schaufeln die Erde in Muldenkipper, die zehnmal größer sind als europäische Sattelschlepper. Dann wird heißer Wasserdampf mit verschiedenen Chemikalien vermischt und unter Hochdruck durch ein Bohrloch tief in den Boden hineingepresst. Der heiße Dampf erwärmt das Bitumen und macht es etwas

---

* Bitumen ist die zähe, klebrige, dem Asphalt ähnliche Masse, aus der das Öl gewonnen wird. Die Bitumensande heißen oft – etwas ungenau – Ölsande.

flüssiger, sodass es unter dem hohen Druck durch ein zweites Bohrloch herausfließen kann.

Doch was dort herauskommt, ist kein Öl, sondern ein dreckiges, stinkendes, schwarzes Gemisch aus Bitumen, Chemikalien, Sand, Wasser und Öl. Um das Öl abzutrennen, pumpt man riesige Mengen sauberes Wasser aus dem Athabascafluss in das schwarze Gemisch und gibt noch einmal Chemikalien hinzu. In großen Zentrifugen, einer Art gigantischer Wäscheschleudern, werden der Sand, das Wasser und das Öl geschleudert und dadurch voneinander getrennt. So erhält man schließlich Erdöl!

Was aber geschieht mit dem Sand und dem Wasser? Der Sand wird wieder mit den Muldenkippern weggebracht. Wohin? Auf Halden, wo sich der noch immer öl- und chemikalienverschmutzte Sand zu gigantischen Bergen auftürmt. Niemand weiß, was mit dieser giftigen Masse geschehen soll. Und das Wasser? Es ist kein Wasser mehr, sondern eine von Ölresten und giftigen Chemikalien durchsetzte stinkende Brühe, die man nicht im Boden versickern lassen kann und auch nicht in den Athabascafluss zurückpumpen kann, ohne ihn zu vergiften.

250 Millionen Liter dieser giftigen Brühe erzeugt der Ölsandabbau in Kanada jeden Tag.* Das sind mehr als dreihundert große Hallenbadschwimmbecken voll, also über hunderttausend solcher Becken im Jahr. Bisher laufen sie zu einem giftigen See zusammen, für den Bulldozer immer höhere Erdwälle auftürmen, damit er nicht überläuft.

Schon im Jahr 2013 ist dieser «See» der größte Stausee der Welt, und er wird täglich größer. Niemand weiß, was mit diesem Giftsee geschehen soll!

* Im Jahr 2012.

Der hohe Norden

Die Flüsse aus den Ölsandgebieten der Provinz Alberta fließen nach Norden zum Polarmeer. Nach dreihundert Kilometern erreicht das Wasser Fort Smith in der benachbarten Provinz: den Nordwest-Territorien. Fort Smith ist eine kleine Stadt mit etwa zweitausend Einwohnern, von denen zwei Drittel Dene-Indianer sind.

Die Dene

Die Dene lebten ursprünglich als Fischer und Jäger und jagten die schwarzbraunen Waldbüffel, die auch heute noch in den Fichtenwäldern um Fort Smith umherziehen. Die Dene bearbeiteten seit Jahrtausenden das harte Gestein zu Axtklingen und Schabern und benutzten Feuersteine. Aus Erzen schmolzen sie Kupfer und hämmerten es zu Nadeln, Angelhaken, Armreifen, Speerspitzen und nicht zuletzt zu den kupfergelben Messern, nach denen die Stadt Yellowknife benannt worden ist.

Die Dene haben sich acht Gesetze aufgestellt, nach denen sie leben:

1. Teilt untereinander, was ihr habt.
2. Helft einander.
3. Seid respektvoll gegenüber den Älteren und allem um euch herum.
4. Schlaft in der Nacht und arbeitet am Tag.
5. Seid höflich und streitet nicht.
6. Jungen und Mädchen sollen sich respektvoll gegeneinander verhalten.

Vielen Dene geht es heute schlecht,
aber dieser Dene-Großmutter nicht!

7. Lernt immer weiter.
8. Seid immer so glücklich wie möglich!

Als die ersten Europäer hierherkamen, vertrieben sie die Dene und besetzten deren traditionelles Jagdgebiet. Die Dene haben aber niemals ihr Land an die Europäer freiwillig abgegeben und haben niemals die Ansprüche auf ihr Land aufgegeben. Sie wollen es heute weiterhin zurückhaben.

François Paulette

Der berühmteste Dene ist François Paulette, ein stattlicher, 1,85 m großer Mann, dessen früher schwarzes, jetzt silbernes Haar glänzend den Rücken hinabwellt. François Paulette macht auf internationalen Kon-

ferenzen in Anzug und Krawatte eine ebenso gute Figur wie bei der Büf-
feljagd zu Pferd oder wenn er Prinz William und Prinzessin Kate mit
seinem Kanu auf eine einsame Insel paddelt. François Paulette wurde
mit einundzwanzig Jahren Häuptling seines Dene-Stammes, der Fort
Smith Indian Band. Zusammen mit sechzehn anderen Dene-Häuptlin-
gen und drei Rechtsanwälten schrieb er 1972 einen Antrag und reichte
ihn bei der kanadischen Regierung ein. Darin forderten die Häuptlinge
ihr traditionelles Stammesgebiet von einer Million km² zurück.

Die kanadische Regierung musste diese Rechtsansprüche grundsätz-
lich anerkennen. Doch da in den vergangenen über hundert Jahren die
neu angekommenen Europäer Land rechtsgültig gekauft und wieder
verkauft hatten, haben heute auch die Europäer gültige Ansprüche darauf. Die Auflösung dieser sehr komplizierten Verhältnisse dauert nun
schon mehrere Jahrzehnte an und ist noch lange nicht abgeschlossen.

Seit einigen Jahren gibt es neue große Sorgen in Fort Smith: Früher sehr seltene Krebserkrankungen werden häufiger und breiten sich
unter den Dene aus. Die Fische im Fluss sind missgebildet. Sie sind
so mit Quecksilber und anderen Giften verseucht, dass die Dene sie
nicht mehr essen dürfen. Fisch ist jedoch ihre Hauptnahrung. François
Paulette nimmt, wie viele Ärzte, an, dass das vergiftete Wasser des Öl-
sandabbaus die Krebserkrankungen ausgelöst hat.

Jetzt versucht er mit allen Mitteln, sein Volk vor der Vergiftung durch
die Ölsande und das Land vor der völligen Zerstörung zu bewahren. Er
möchte den Ölsandabbau so lange unterbrechen, bis es einen genauen
Plan gibt, was mit den giftigen Abfällen geschehen soll, sodass sie keinen Schaden für das Land und die Menschen anrichten.

Denn an den Universitäten von Edmonton und Calgary suchen die
Wissenschaftler bereits nach neuen Möglichkeiten, das Öl zu gewinnen, ohne das Wasser zu verseuchen. Das wird aber noch einige Jahre
oder auch Jahrzehnte dauern. Könnten die Ölgesellschaften nicht so

lange mit dem Abbau warten? Doch die Ölgesellschaften wollen davon nichts wissen und machen unbeirrt weiter. François Paulette reiste nach Norwegen, um die staatliche norwegische Ölgesellschaft davon zu überzeugen, hier keine Anlagen für die Förderung der Ölsande zu bauen – vergebens. Er versuchte, europäische und amerikanische Regierungen zu überzeugen, kein Geld in dieses schmutzige Ölgeschäft zu investieren – vergebens. Die Versuchung, hier in kurzer Zeit Billionen von Dollar zu verdienen, ist zu groß.

François Paulette hat viele berühmte Freunde in Kanada und in aller Welt: Schauspieler, Musiker, Direktoren. Aber ob sie ihm in seinem Kampf für sein Volk helfen können, ist noch völlig offen.

Gold ...

Wovon leben die Menschen in den Nordwest-Territorien, wo im Winter monatelang die Sonne nicht aufgeht, wo Temperaturen unter −50 °C auftreten und brüllende Schneestürme hindurchfegen? Es sind nicht viele Menschen, die hier leben: Gerade einmal 43.000, so viele wie in der Kleinstadt Goslar im Harz – und das auf einer Landfläche, die so groß ist wie Deutschland, Frankreich und Spanien zusammen. Die Hälfte von ihnen lebt in Yellowknife am Great Slave Lake*. Die andere Hälfte lebt in zweiunddreißig winzigen Siedlungen, zu denen meist keine Straße führt.

Im Gebiet der Dene hatten Abenteurer in den 1930er-Jahren Gold gefunden und hatten am Seeufer die Stadt Yellowknife gegründet. Zu-

---

* Great Slave Lake wird in deutschen Büchern manchmal mit «Großer Sklavensee» übersetzt. «Slave» hat aber mit «Sklaven» gar nichts zu tun, sondern ist der Name des dortigen Indianerstammes.

nächst suchten sie mit Schaufeln und Pfannen an den Flüssen Gold. Doch 1949 fanden sie große Goldlager tief im Untergrund und gruben Untertagestollen. Etwa eine Million Kilogramm Gold konnten in der Mine «Giant» abgebaut werden, bis sie 2004 geschlossen wurde – heute ein Wert von 50 Milliarden Dollar. Die reich gewordenen Besitzer verschwanden und hinterließen eine Halde mit hochgiftigen Arsenverbindungen aus dem Abbau. Wenn die Halde im Sommer auftauen würde, würde das Gift in das Grundwasser fließen und das Trinkwasser vergiften. Deswegen muss sie im Sommer von der kanadischen Regierung tiefgekühlt werden – jedes Jahr wieder.

... und Diamanten

1981 begannen zwei kanadische Geologen, Chuck Fipke und Dr. Stewart Blusson, die riesigen Gebiete der Nordwest-Territorien abzusuchen. Sie flogen mit einem Hubschrauber in die offenen Tundragebiete und klopften dort mit dem Geologenhammer die Felsen ab. Sie suchten inmitten der uralten Granite und Gneise nach Kimberlit, einem Vulkangestein. Dieses Vulkangestein war vor siebzig bis hundertfünfzig Millionen Jahren noch glutflüssig und war aus über hundertfünfzig Kilometer Tiefe heraufgedrungen. Aus diesen Tiefen bringt es manchmal – wie ein gigantischer Fahrstuhl – Diamanten mit herauf. Nur in solchen Tiefen entstehen Diamanten, und nur so kommen sie an die Erdoberfläche.

Zehn Jahre lang suchten sie systematisch Kimberlitgestein ab und fanden 1991 schließlich zweiundachtzig kleine Diamanten – genug, um 1996 eine Mine zu eröffnen. Sie mussten beim kanadischen Staat 100 Millionen Dollar hinterlegen, um sicherzustellen, dass sie genug

Auf den spiralförmig angelegten Straßen dieser Diamantminen fahren riesige Muldenkipper auf und ab.

Geld hatten, um die Mine später wieder zu schließen und zurück in die Natur zu überführen. Denn eine Katastrophe wie mit der Goldmine «Giant» sollte sich nicht wiederholen. Um Diamanten zu gewinnen, wird das Kimberlitgestein gesprengt, mit riesigen Lastwagen zu einem Mahlwerk gefahren, wo es kleingemahlen wird. Das zermahlene Gestein wird mit Wasser in schnell drehende Zentrifugen gegeben, wodurch die schwereren Diamanten von dem leichteren Kimberlitsand grob abgesondert werden. Anschließend werden die Diamanten mit der Lupe und von Hand aussortiert. Um Diamanten zu gewinnen, muss man also sehr viel Gestein zermahlen, manchmal fünfzig Tonnen für ein Gramm Diamanten. Aber man braucht keine giftigen Chemikalien. Das Land wird nicht vergiftet!

Eine Diamantmine ist ein rundes Loch von mehreren hundert

Im Sommer ist die Straße über den Great Slave Lake gesperrt.
Nur im Winter ist sie über das dicke Eis befahrbar.

Meter Durchmesser, in das sich an den Seiten Fahrstraßen für die riesigen Lastwagen schneckenförmig hinabschrauben. Daneben wohnen die bis zu tausend Arbeiter. Manche davon sind Dene aus den umliegenden Siedlungen. Die Minen liegen fast sechshundert Kilometer von Yellowknife entfernt, mitten in der Wildnis der Tundra. Keine Straße führt dorthin. Die Arbeiter werden mit Flugzeugen eingeflogen. Doch die Maschinen, Lastwagen und Bohrgeräte sind zu schwer und können nicht geflogen werden. Im Sommer gibt es keine Möglichkeit, sie zu transportieren. Doch im Winter frieren die Flüsse und Seen mit einer meterdicken Eisschicht zu. Große Schneepflüge bahnen eine dreißig Meter breite Straße auf dem Eis, die 586 Kilometer von einem See und Fluss zum nächsten bis schließlich zum Great Slave Lake und nach Yellowknife führt. Sechzehn Stunden brauchen

Tifffany Ayalik ist eine bekannte Schau-
spielerin aus Yellowknife.

die überlangen Trucks für diese wohl ungewöhnlichste Strecke der
Welt!

Eine solche Diamantenmine einzurichten kostet etwa tausend Millionen, also eine Milliarde Dollar. Niemand weiß vorher sicher, ob sie
auch wirklich genügend Diamanten enthält. Doch inzwischen werden
täglich Diamanten im Wert von einer Million Dollar gefördert. Nur
in Russland und in Kongo gibt es noch mehr Diamanten. Chuck
Fipke und Dr. Stewart Blusson hatten die richtige Stelle gefunden!

Die meisten der zwanzigtausend Einwohner von Yellowknife arbeiten direkt oder indirekt mit Diamanten: Sie erkunden die Diaman-
tenlager, bohren erste Probelöcher, fahren die riesigen Muldenkipper
oder Transportlastwagen, oder sorgen als Angestellte in den örtlichen
Banken dafür, dass die Diamantenminen Kredite bekommen, um neue
Anlagen zu bauen. Was wird geschehen, wenn eines Tages keine Diamanten mehr gefunden werden und die Diamantenmine geschlossen

Leuchtend bunte Hausboote auf dem Great Slave Lake.

wird? Die zugewanderten Diamantenarbeiter werden keine Arbeit mehr haben und Yellowknife verlassen. Nur die Dene werden zurückbleiben. Denn für sie ist das Land nicht etwas, das man kurz ausbeutet und wieder verlässt, sondern ihre geliebte Heimat. Wie wird diese dann aussehen?

Tiffany Ayalik aus Yellowknife hat mit den Diamanten nichts zu tun. Ihre Eltern konnten ihr die Kosten für ein Studium an der Schauspielschule im tausendachthundert Kilometer entfernten Calgary bezahlen. Im Winter spielt sie an verschiedenen Theatern im Süden Kanadas. Doch im Sommer zieht es sie in ihre Heimat, nach Yellowknife, wo sie fast den ganzen Sommer draußen verbringt. Zusammen mit ihrer Mutter und ihren Geschwistern leitet sie mehrtägige Abenteuertouren mit Kanus und Kajaks in die Wildnis und gibt Kurse für Überlebenstraining. Als Tochter eines Inuit* beherrscht sie die «Eskimorolle» im Kajak perfekt – die eleganteste Weise, um ein umgekipptes Kajak mit Schwung wieder aufzurichten, ohne dabei zu ertrinken.

Tiffany wohnt mit ihrer Familie am Ufer des Great Slave Lake, auf dem auch viele Hausboote ankern. Sie ist an und auf dem See groß geworden. Deswegen hat sie großen Respekt vor dem Wasser und vor der wilden Natur und möchte, dass auch die Menschen, die den hohen Norden besuchen, Wasser und Natur respektvoll behandeln.

Gjoa** Haven – am äußersten Rand

In ganz Nord-, Mittel- und Südamerika gibt es keine natürliche Durchfahrt, keine Schiffspassage vom Atlantik zum Pazifik. Nachdem fast ganz Amerika erkundet und immer noch keine Passage gefunden worden war, war die letzte Hoffnung, eine solche zwischen den Inseln im Nordwesten Kanadas hindurch zu suchen. Doch mehr als zehn Monate lang im Jahr ist das Wasser zu meterdickem Eis gefroren. Nur sechs Wochen lang taut es auf. Das war zu kurz für mehrere Expeditionen, die gescheitert waren, weil das dicke Packeis die Schiffe an der Weiterfahrt hinderte.

Kapitän John Franklin versuchte dreimal, eine solche Passage im Nordwesten zu finden. Zweimal musste er umkehren. Beim dritten Mal, 1845, wurde sein Schiff vom Packeis zerquetscht und zerbrochen und ging unter. Er konnte sich mit seiner Mannschaft mit knapper Not

---

* Die Inuit wurden von manchen Indianern «Eskimos» genannt, was soviel wie «Rohfleischesser» heißen kann. Die Inuit mögen diesen Namen daher nicht. Er kann aber auch «Schneeschuhflechter» bedeuten oder «Menschen, die eine andere Sprache sprechen».

** Sprich: wie das englische «joy».

Der Polarforscher Roald Amundsen

an Land retten. Eine Suchexpedition nach der anderen wurde ausgeschickt. Doch keine fand Franklin. Erst viel später fand man einzelne Gräber seiner Mannschaft. Franklins Grab blieb bis heute unentdeckt.

Im Jahre 1903 machte der norwegische Polarforscher Roald Amundsen sich auf dem aus Holz gebauten Schiff «Gjøa» und mit sechs Mann Besatzung auf die Suche nach der Nordwestpassage. Unterwegs unternahm er Messungen am Magnetfeld in der Nähe des magnetischen Poles.

Für sein Schiff «Gjøa» fand er am Rande der König-William-Insel «den feinsten kleinen Hafen der Welt», eine schmale Bucht, in der das Schiff geschützt und sicher ankern konnte. Bald entdeckten umherziehende Inuit das Schiff und die Mannschaft und tauschten frisches Fleisch und Felle gegen Angelhaken, Messer und Speerspitzen ein. Eine kleine Handelssiedlung entstand neben dem Liegeplatz des Schiffes und wurde nach diesem «Gjoa Haven» genannt. Gjoa Haven blieb auch bestehen, als Amundsen zwei Jahre später mit seinem Schiff wieder aufbrach.

In diesen zwei Jahren lernte Amundsen von den Inuit, mit Hundeschlitten zu fahren und Kleidung für die extreme Winterkälte zu nähen. Karibufelle halten noch wärmer als Moschusochsen- oder Eisbärenfelle. Sie werden mit der Fellseite nach außen zu Parkajacken und Hosen zusammengenäht und werden direkt auf der Haut getragen. Sie halten auch noch bei Temperaturen von − 50 °C warm.

Von Gjoa Haven aus entdeckte und durchquerte Amundsen tatsächlich die Nordwestpassage, bis er endlich wieder das weite Meer, das Eismeer unter seinem Schiffsrumpf hatte. Von der nun erreichten Küste zog er mit Hundeschlitten quer durch Alaska. Er brauchte fast vier Monate bis zu der achthundert Kilometer entfernten Siedlung «Eagle». Dort gab es eine Telegrafenstation, von wo aus Amundsen seine Entdeckung in alle Welt telegrafierte.

Später errichtete die Hudson Bay Company in Gjoa Haven einen Posten und tauschte von den Inuit Felle von Füchsen, Wölfen und Eisbären ein. Viele früher nomadische Inuit siedelten sich in Gjoa Haven an. Heute ist Gjoa Haven auf 1100 Einwohner angewachsen. Es liegt einsam und völlig allein an der meist zugefrorenen Küste. Die nächste Siedlung liegt zwölf bis dreizehn Stunden mit dem Motorschlitten entfernt. Doch noch immer ziehen weitere Inuit hierher. Denn anders als in den übrigen Inuitsiedlungen ist in Gjoa Haven Alkohol verboten. Es gibt keinen Krawall, keine Schlägereien und Einbrüche, die in anderen Inuitsiedlungen häufig vorkommen.

Früher lebten die Inuit ausschließlich von dem, was sie selber jagen konnten: Karibus, Moschusochsen, Robben und Walrosse. In den sechs Wochen des Sommers, wenn die Temperatur +10 °C erreicht, können sie auch fischen und Wale jagen. Da es keine Bäume und kein Holz gibt und Tran als Brennmaterial sehr kostbar ist, essen sie Fische oder auch die Leber von Robben roh. Das Fleisch von Walrossen wird in schmale Streifen geschnitten, aufgehängt und getrocknet. Es riecht und schmeckt allerdings selbst für die Nasen und Zungen der Inuit sehr ungewöhnlich!

Gjoa Haven heute

Doch seit Beginn des 21. Jahrhunderts enthalten Fische und vor allem die Leber von Robben viel Quecksilber und sind dadurch so giftig, dass die Inuit sie nicht mehr essen dürfen. Das Quecksilber stammt aus Kohlekraftwerken in aller Welt, die es in den 1970er-Jahren noch nicht aus ihren Abgasen herausfilterten und in die Luft bliesen. Zunächst war es ungefährlich und wurde nicht bemerkt. Doch im 21. Jahrhundert wurde es für die Tiere und Menschen giftig. Denn als das Klima wärmer wurde, tauten große Teile des vorher ständig gefrorenen Bodens auf. Dabei entstand Methangas. Dieses Methangas verband sich mit dem Quecksilber zu Methylquecksilber, das von Tieren leicht aufgenommen wird und sich in ihnen ansammelt. Solche Quecksilbervergiftungen verlaufen langsam. Erst wird man müde, bekommt Kopfschmerzen, dann kann man Arme und Beine nicht mehr geordnet bewegen, schließlich werden sie gelähmt. Bis der Tod eintritt, kann es viele qualvolle Wochen oder Monate dauern.

Die Inuit jagen weiterhin Karibus und Moschusochsen, die weniger vergiftet sind. Deren Fleisch ist aber nur noch ein kleiner Teil dessen, was sie essen. Das meiste Essen müssen sie kaufen. Es muss mit dem Flugzeug eingeflogen werden, denn nach Gjoa Haven gibt es, wie zu allen Inuitsiedlungen, keine Straßen. Deswegen sind Lebensmittel sehr teuer. Ein Liter Milch kostet hier drei- bis viermal so

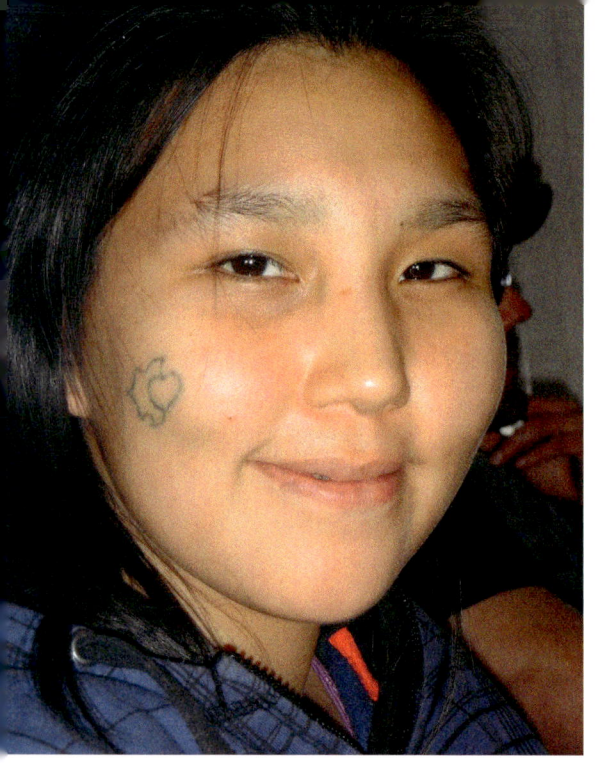

Manche Inuit tragen Tätowierungen.
Aber Liza wäre ihre gerne wieder los.

viel wie in Edmonton, wo er schon doppelt so teuer ist wie etwa in Deutschland.

Früher stellten die Inuit alles, was sie brauchten, selber her: Kajaks aus den Knochen und Fellen von Robben, Angelhaken und Harpunen aus Knochen oder Speckstein, Kleidung aus den Fellen von Karibus und Füchsen, Lampenöl aus dem Tran von Walen, Iglus während der Jagdsaison aus Eis und Schnee, Winterhäuser aus Steinen, gelegentlichem Treibholz und Erde. Heute landet einmal im Jahr ein Tankschiff an, das Heizöl für die Heizungen und das Ölkraftwerk sowie Benzin für die Schneeschlitten bringt. Alles andere, Essen, Kleidung, Baumaterial und so weiter, muss mit dem Flugzeug herbeigeflogen werden. Schnee, Stürme und Kälte machen das Fliegen schwierig, gefährlich und teuer – etwa zehnmal teurer als in Deutschland.

Alle Häuser haben nur kleine Fenster und sind dick mit Isolierwolle eingepackt. Alle haben Ölheizungen und beheizte Wasser- und Abwas-

sertanks. Ohne Heizung wären die Häuser in wenigen Stunden einge-
froren. Jedes Haus ist auf Stelzen gebaut, da es sonst den gefrorenen
Boden darunter durch seine Wärme auftauen und selbst allmählich im
Schlamm versinken würde.

«Alles ist teuer in Gjoa Haven, aber das Leben ist gut», sagt Liza,
eine junge Inuit-Mutter, die ich in Yellowknife treffe und die es dort
bei 14 °C Lufttemperatur schon «zu heiß» findet. Und Reneltta Ar-
luk, eine Schauspielerin, die in vielen Städten der Welt auftritt, sagt:
«Wenn ich reise, bin ich manchmal von meiner Umgebung ganz nie-
dergeschlagen. Wenn ich dann zurück in den Norden komme, lade
ich mich wieder auf, wie ein Akku. In dem Moment, in dem ich einen
kühlen Wind fühle, bin ich wieder aufgeladen.»

Doch was arbeiten die Inuit in Gjoa Haven, um dieses sehr teure
Leben bezahlen zu können? Manche jagen weiterhin Füchse und Wöl-
fe und verkaufen deren sehr dichte, warme und schöne Felle. Andere
schnitzen kleine oder größere Skulpturen aus dem weißen oder schwarzen Speckstein oder der smaragdgrünen Jade und verkaufen sie in alle
Welt. Doch eine schöne Skulptur, die in Yellowknife in einer Galerie
tausend Dollar kosten soll, bringt dem Künstler, der mehrere Wochen
daran gearbeitet hat, gerade einmal hundert Dollar ein. Viele Inuit arbeiten in der Verwaltung. Sie werden nicht von den Einwohnern Gjoa
Havens bezahlt, sondern von der kanadischen Regierung in Kanadas
Hauptstadt Ottawa, also von den Steuern aller Kanadier, oder von der
Regierung der Provinz. Denn seit 1999 gehört der hohe Norden Kanadas mit seinen unzähligen Inseln und Inselchen wieder den Inuit, die
ihn als eigene Provinz Nunavut* verwalten. Doch kann Nunavut nicht
aus eigenen Kräften leben, sondern wird von der kanadischen Regierung mit viel Geld unterstützt. Das ist eine Wiedergutmachung dafür,
dass den Inuit lange Zeit Unrecht geschehen ist. Ihre nomadische Le-

* Übersetzt: «unser Land»

bensweise war ihnen von der kanadischen Regierung verboten worden. Sie wurden gezwungen, in festen Siedlungen zu leben. Viele Kinder wurden von ihren Eltern getrennt. Sie wurden nicht wie vollwertige Menschen behandelt. So erhielten sie einen Ausweis, in dem nicht ihr Name, sondern nur eine Nummer stand.

Heute gibt es in Gjoa Haven eine Krankenstation mit vier Krankenschwestern, die ebenfalls von der kanadischen Regierung bezahlt werden. Doch wer einen Arzt braucht, muss in das 1500 Kilometer entfernte Yellowknife fliegen. In Notfällen kommt sogar ein Rettungsflugzeug. Das ist allerdings extrem teuer: Ein Flug nach Yellowknife kostet fünfzehntausend Dollar!

Liza musste mit ihrem zweieinhalbjährigen Sohn nach Yellowknife ins Krankenhaus fliegen, da er an einer Lungenentzündung litt und zu ersticken drohte. Doch auch dort konnten ihm die Ärzte nicht helfen. Die beiden mussten noch einmal 1700 Kilometer nach Edmonton ins Universitätskrankenhaus fliegen, insgesamt 3200 Kilometer. Das ist so weit, als müssten wir von Frankfurt bis nach Timbuktu fliegen, um ins Krankenhaus zu gelangen.

Die junge Mutter ist aus Angst um ihr Kind völlig aufgelöst. Aber wenigstens muss sie sich keine Sorgen um die Kosten machen, auch wenn sie selber kein Geld hat und von der staatlichen Sozialhilfe lebt. Selbst die Kosten für die Flüge und die sehr teure Krankenhausbehandlung übernimmt der kanadische Staat.

Rocky Mountains

Nunavut kann man nicht langsam und allmählich mit dem Auto verlassen, sondern nur auf einen Satz mit dem Flugzeug. Und so finde ich mich plötzlich auf dem großen Flughafen von Edmonton in der Prärie Kanadas wieder.

Von Edmonton fährt der Linienbus über einen sechsspurigen, fast leeren Highway durch flache Weizenfelder mit ständig langsam auf und ab nickenden Erdölpumpen. Doch nach fünf Stunden bekommen die Felder allmählich Wellen, flache, weit geschwungene Wellen, die uns immer weiter von Westen entgegenzurollen scheinen: die berühmten «Rolling Prairies». Je weiter der Bus nach Westen kommt, desto höher werden die Wellenhügel, bis schließlich hinter dem gelben Weizen eine blaue Kette hoher Berge und dahinter immer noch höhere auftauchen. Die höchsten sind sogar im Sommer mit weißen Schneespitzen gekrönt.

Nach einer weiteren Stunde hat der Bus die erste Bergkette und eine schmale Öffnung darin erreicht – gerade breit genug für den kristallklaren Fluss und die Straße. Hier steht auch der Kontrollposten für den Jasper-Nationalpark, in den wir jetzt hineinfahren. Vom Bus aus sieht es fast so aus wie in den Schweizer oder französischen Alpen: steil aufragende Berge aus hellem Kalkstein mit dunkelgrünen Fichtenwäldern und sauberen Flüssen im Tal. Und doch ist es anders: Der Fluss ist nicht begradigt, sondern schlängelt sich in großen Windungen durch das Tal. Breite, helle Kiesbänke zeigen, dass er bei Hochwasser große Mengen Kies und Steine transportiert. Und wo sind die Rinder, Ziegen und Schafe, die in den Alpen jeden Berghang beweiden und abgrasen? Wo sind die leuchtend grünen Wiesen und Weiden? Wo sind die hölzernen

Auf den ersten Blick sieht es in den Rocky Mountains wie in den Alpen aus.

Alphütten und Maiensässe, an denen die Kühe im Mai und im Sommer täglich gemolken werden und wo große Laibe von Käse reifen? Wo sind die alten Wege, die vom Tal zur Alp und von dort zur nächsten und weiter ins nächste Tal führen? Nichts davon gibt es hier!

Die Bewohner der Alpen haben seit mindestens siebentausend Jahren ihre Berglandschaft verändert, haben zuerst kleine, dann größere Felder von Gerste, Einkorn und Emmer angelegt, haben Wälder gerodet, um Wiesen und Weiden für Pferde, Kühe, Ziegen und Schafe anzulegen, und haben Wege, Brücken und Straßen gebaut. So entstand eine ganz eigene, von der Kultur des Menschen veränderte Landschaft, die, je höher man steigt, immer mehr in eine wilde Natur- und Felslandschaft übergeht.

Ganz anders in den Rocky Mountains: Die Schwarzfuß-Indianer

lebten hier seit Jahrtausenden von der Jagd. Sie fällten keine Bäume und bauten keine Straßen, um das Wild nicht zu stören. Ihre schmalen Pfade, die sie für die Jagd benutzten, wechselten oft – je nachdem, wohin die Jagd ging. Und die Pfade wuchsen schnell wieder zu, wenn sie nicht mehr benutzt wurden. Die Natur blieb unverändert.

Als die ersten Europäer hierher kamen, waren sie von der Schönheit der Berglandschaften beeindruckt. Gleichzeitig waren schon große Teile des übrigen Kanadas verändert und zerstört worden. So entstand hier 1885 die Idee, einen Nationalpark zu errichten, in dem die Natur sich selbst überlassen werden sollte. Die seit Jahrtausenden ansässigen Schwarzfuß-Indianer durften nicht mehr jagen und fischen. Sie wurden vertrieben und mussten außerhalb des Nationalparks siedeln.

Doch die Natur blieb nicht wirklich sich selbst überlassen: Die Dörfer Banff und Jasper, die inmitten des Nationalparks liegen, wurden zu Tourismusstädten ausgebaut mit Hotels, Restaurants, Fast-Food-Ständen und bewässerten Golfplätzen. Mehrere Millionen Besucher möchten von hier aus jedes Jahr ungestörte Natur erleben.

Begegnungen im Fichtenwald

Hunderte von Quadratkilometern sind von dunkelgrünem Fichtenwald bedeckt: schlanke, gerade Stämme, nicht sehr hoch, mit kurzen, wenig verzweigten Ästen. Selbst im Sommer ahnt man, wie viel Schnee hier im Winter fällt. Dann beugen sich die kurzen, elastischen Fichtenäste unter der Schneelast, lassen diese nach unten gleiten und schnellen selber unbelastet wieder hoch. Der Schnee bricht die Äste nicht ab. Er rutscht hinunter und sammelt sich am Fuße des Baumes. Wenn er im Frühling schmilzt und zu Wasser wird, ist dieses gleich dort, wo die

Salalbeeren bilden überall dichtes Gestrüpp.

Fichte es braucht: an ihren Wurzeln. Denn später im Frühling und im trockenen Sommer ist Wasser sehr knapp!

Dicke, saftiggrüne Polster aus feinst gefiedertem Federmoos bedecken den Waldboden. Barfuß sinkt man bis über die Knöchel in das weiche Grün. Doch der Fuß wird nass. Die Moospolster speichern das Wasser der letzten Regenschauer und geben es nur allmählich an den Waldboden weiter.

Ich folge einem schmalen Pfad über viele Kilometer weit: nur Fichten, Moos, Heidelbeeren und die Salalbeerensträucher*, die wie überdimensionierte, übermannshohe Heidelbeersträucher aussehen. Stun-

* Salalbeerensträucher, auch Rebhuhnbeeren genannt, gehören tatsächlich wie die Heidelbeeren zu den Heidekräutern. Hierzulande werden die festen, lorbeerartigen Blätter oft in Blumensträußen verwendet.

«Fairy Slipper» – eine Orchidee des dunklen Waldes.

denlang sehe ich keinen Himmel über mir, keine Aussicht ins Tal. Es ist dunkel und still. Nur der Wind pfeift durch die schlanken Fichtenwipfel und durch die grauen Bärte der Flechten, die von den Ästen herabhängen. Selten einmal flötet kurz eine Rotbauchdrossel oder ein Kolkrabe knorzt und krächzt warnend vor dem fremden Wanderer.

An windstillen Stellen summen die Mücken heran: einzeln zuerst, dann in sirrenden Schwärmen. Obwohl ich fest und mückendicht angezogen bin, muss ich mir doch ununterbrochen ins Gesicht, auf Ohren und Handrücken klatschen, um nicht völlig zerstochen zu werden. Sobald ein leichter Wind weht, vertreibt er die Mücken. Jetzt kann ich wieder genauer in den Wald schauen. An einem Hang wachsen kleine, nur wenige Zentimeter hohe Orchideen mit schwungvoll flügelartigen Blüten: außen weiß und kräftig violett, innen violett gefleckt. Die

Dieser Zwölfender lässt sich von Menschen überhaupt nicht stören.

Unterlippe ist weit hervorgestreckt und sieht aus wie ein orientalischer Pantoffel. Sie ist mit einer leuchtend gelben, federartigen Narbe wie mit einem Pompon geschmückt. «Fairy Slipper», «Märchenpantoffel», heißt sie hier – ein zierliches Pantöffelchen wie aus einem Märchen aus Tausendundeiner Nacht.

Unversehens habe ich eine Lichtung erreicht, wo der Wind einige Fichten umgebrochen hat. Hier erreicht das Sonnenlicht einmal den Waldboden. Frischgrüne Weidenschösslinge und Zwergbirken streben dem Licht entgegen. Bewegt sich dort etwas? Ein Geweih schiebt sich zwischen den Blättern hindurch – groß und zwölfendig und noch mit dem Frühjahrsbast überzogen. Schließlich tauchen auch der Kopf und der mächtige Rumpf des Wapiti-Hirsches auf. Der ist hierher wegen der saftigen Blätter gekommen und äst nun in aller Ruhe. Denn die harzigen und pieksigen Fichtennadeln, die es überall gibt, frisst er gar nicht gerne – nur wenn es gar nichts anderes mehr gibt. Es stört ihn überhaupt nicht, dass ich nur wenige Meter von ihm entfernt stehe und fotografiere. Ich denke dabei an die Rothirsche zu Hause, die so scheu sind, dass sie bereits davonpreschen, wenn ein Mensch auf mehrere hundert Meter herankommt. Doch hier im Nationalpark sind die Tiere seit über hundert Jahren geschützt und werden nicht mehr gejagt. Da haben sie keine Angst mehr vor dem Menschen.

Am nächsten Tag beschließe ich, den Signalberg zu besteigen, von dessen Gipfel früher Warnsignale in die umliegenden Täler weitergegeben wurden, wenn irgendwo der Wald brannte. Der Weg ist weit und steil und führt die ersten Stunden durch einsamen, dichten Fichtenwald. Ich bin gewarnt worden: dies sei das Gebiet von Bären. Doch ich habe gelesen, dass Bären mehr Angst vor Menschen haben als umgekehrt, und gehe, wie immer, unbewaffnet. Ich pfeife vor mich hin, damit mich der Bär schon aus der Ferne hört und sich trollt. Aus dem Gebüsch trippelt ein rindenbraun geschecktes Fichtenhuhn, mit weißem Tupfen im Gefieder und leuchtend roten Augenbrauen, unter denen es mich furchtlos, aber scharf anschaut. Es pickt ein paar Sämereien vom Weg auf, eine seltene Abwechslung. Denn es ist eines der ganz wenigen Tiere, die sich fast nur von Fichtennadeln ernähren, von denen es ja unbegrenzt viele gibt.

Fröhlich pfeifend setze ich meinen Weg fort. Doch hinter der nächsten Biegung kommt mir plötzlich ein Bär entgegen. Ich pfeife etwas lauter. Er schaut mich zwar an, bleibt aber nicht einmal stehen, sondern trottet weiter auf mich zu. Jetzt ganz schnell ein Foto machen, dem Bären dabei nicht ins Auge sehen, denn das würde er für eine Bedrohung halten, dann zügig zurückziehen, nicht rennen, sonst hält dich der Bär noch für eine leichte Beute. Denn rennen kann er viel schneller als Menschen.

Ist es ein Schwarzbär oder ein Grizzly? Er ist schwarz, aber manchmal sind auch Grizzlys schwarz oder Schwarzbären braun. Doch der Rücken ist glatt und hat keinen Buckel, und die Krallen ragen aus den Tatzen kaum hervor – also ein Schwarzbär! Ich schaue mich schon einmal nach einem Fluchtbaum um, aber diese hier sind alle recht dünn. Bis fünfzehn Zentimeter dicke Stämme beißt der Bär einfach durch. Und die dickeren Bäume weiter hinten haben unten keine Äste. Außerdem habe ich schon Schwarzbären auf zwanzig Meter hohen Wipfeln gesehen. Aber angeblich beißen sie in dieser Höhe nicht mehr.

Während ich zügig den Weg zurückgehe, auf dem ich gekommen bin und den Bären dabei im Auge behalte, erinnere ich mich noch einmal genau, was in dem Bärenbuch stand: Wenn dich ein Grizzly wirklich angreift – was nur ganz selten vorkommt –, kannst du versuchen, dich tot zustellen. Denn Grizzlys fressen kein Aas. Es kann aber trotzdem passieren, dass er probehalber an dir schnüffelt oder leckt – dann keinen Mucks! Wenn dich dagegen ein Schwarzbär wirklich angreift, dann kämpfe! Brülle ihn an, so laut es geht, und schlage ihm mit einem Knüppel auf die Nase! Aber wo ist denn hier ein geeigneter Knüppel?

Inzwischen ist mir wieder eingefallen, dass Touristen vor einigen Tagen einen Schwarzbären gefüttert hatten. Sie mussten fünfhundert Dollar Strafe dafür bezahlen. Denn der Bär weiß nun, dass es bei Menschen bequem erreichbares Futter gibt. Solche Bären sind lebensgefährlich! Allmählich wird mir mulmig. Doch als ich mich wieder umdrehe, hat der Bär es aufgegeben, mir zu folgen, und hat sich mit einigen dicken Granitbrocken am Wegesrand begnügt. Mit seinen mächtigen Tatzen reißt er die kürbisgroßen Steinbrocken aus dem Boden und schleckt mit der Zunge die Ameiseneier auf. So schnüffelt er von einem Stein zum anderen. Dann erreicht er eine freie Stelle mit Heidelbeersträuchern. Mit einer raschen Bewegung der großen, aber nur scheinbar plumpen Tatzen streift er geschickt mehrere Dutzend Beeren ab und

Schwarzbären dürfen bei Strafe nicht gefüttert werden.
Sonst werden sie sehr gefährlich!

schleckt sie in sich hinein. So ist er erst einmal abgelenkt. Puh! Ich beschließe, meine Gipfelwanderung abzubrechen, und kehre mit etwas weichen Knien zur Hütte zurück. Morgen werde ich es noch einmal versuchen!

Oberhalb der Baumgrenze

Am nächsten Morgen ist tatsächlich kein Bär zu sehen, und ich habe nach fünf Stunden anstrengender Steigung die Baumgrenze auf zweitausend Meter Höhe erreicht. An einigen Stellen liegen noch immer Schneeflecken, obwohl es schon Mitte Juli ist. Frisches Schmelzwasser rieselt leise hangabwärts, denn die Sonne strahlt mit aller Kraft vom sommerlich blauen Himmel.

Wo der Schnee gerade geschmolzen ist, ragt kniehohes, graues Weidengestrüpp hervor. Noch hatte es keine Zeit, die weiß-grünen Blättchen herauszuschieben. Doch die Blüten, die Weidenkätzchen, glänzen schon silbrig und werden von Bienen umschwärmt. Darunter, im rieselnden Schmelzwasser, glänzen sattgelbe Hahnenfußblüten und cremeweiße Trollblumen. Auch hier sind die Blüten schon im letzten Sommer als Knospen angelegt worden und kommen jetzt als erste hervor. Die saftiggrünen Blätter folgen dann später nach. Dahinter, zwischen verwitternden Felsbrocken, leuchten schon von Weitem einige auffallende Blüten heraus: weiße Berg-Sternmieren, rosa Leimkraut und tintenblaue Enziane – alles alte Bekannte aus den heimischen Alpen.

Ich suche mir eine etwas weniger feuchte Stelle und hole erst einmal mein Picknick hervor. Als ich eine halbe Stunde gesessen habe und gerade wieder aufbrechen will, ertönt ein leiser Pfiff wie von einem Vogel aus dem Weidengebüsch rechts. Kurz darauf pfeift es von links. Ich habe aber doch gar keinen Vogel hinüberfliegen sehen. Wieder pfeift es – wieder von rechts, aber noch weiter drüben. Ich will nicht aufstehen, um den Pfeifer nicht zu vertreiben, und suche mit dem Fernglas – kein Vogel zu sehen. Ist es vielleicht gar kein Vogel, sondern eine Heuschrecke? Jetzt ertönen zwei Pfiffe gleichzeitig – also sind es mehrere. Nun stehe ich doch auf. Ein lauter Pfiff erschallt, eine Oktave höher, dann ein zweiter aus der Richtung eines faustgroßen Lochs im Boden. Als ich darauf zugehe, ertönt das schrille Pfeifen in immer kürzeren Abständen, bis ich kurz davorstehe, aber noch immer nichts sehe.

Die Erdhörnchen sind äußerst scheu, denn sie fürchten die Steinadler, die aus dem heiter blauen Himmel ohne Vorwarnung wie ein

Erdhörnchen sind immer wachsam!

Stein auf sie herabstürzen können. Sie fürchten aber auch die Grizzlybären, die sie mit einem Tatzenhieb zerdrücken würden.

Erdhörnchen leben in großen Trupps in weitverzweigten Höhlenbauten mit vielen Ausgängen. Während die einen Knospen und Sämereien in ihren Backentaschen einsammeln, sitzen die anderen aufrecht an je einem Eingang und behalten wachsam alles im Auge. Ein leiser Pfiff heißt: «Ich bin hier, es ist alles in Ordnung, wo bist du?» Ein lauter Pfiff, eine Oktave höher, heißt: «Aufpassen! Gefahr!» Und schnell sind alle verschwunden – so unauffällig, dass ich sie vorhin, als ich ankam, nicht einmal bemerkt hatte.

Auf dem Weg zur Westküste

Es ist nur ein bescheidener Zug mit vier ehemals eleganten, jetzt aber schon klapprigen Personenwaggons, der aus den Rocky Mountains zur kanadischen Westküste rattert. Die ebenso alte Diesellokomotive keucht mühsam, um die Steigung zum Pass über die Gebirgskette zu erklimmen. Ein flotter Läufer könnte nebenher mithalten. Doch die Passagiere genießen die Sicht auf das allmählich unten zurückbleibende breite Flusstal mit seinen grünen Wildwasserarmen und den weißen Kiesstränden. Wer Glück hat, sieht noch einmal einen Hirsch ans Ufer treten oder einen Kojoten über eine Wiese am Waldrand trotten.

Sobald der Zug den Nationalpark verlassen und die Grenze von der Provinz Alberta zur Provinz British Columbia überfahren hat, folgt er weiten Tälern zwischen den Ketten der Rocky Mountains. Hier ändert sich das Bild aus den Fenstern: Jetzt sind es nicht mehr steile, manchmal felsige Hänge, in deren Boden sich urwüchsige Fichten mit ihren Wurzeln krallen. Es sind flachere, sanft geschwungene Hügelzüge, die bequem zu erreichen sind. Hier haben Holzfäller die Urwälder längst abgeholzt. Auf die riesigen Kahlschläge haben Baumpflanzer neue Bäumchen in ordentlichen Reihen gepflanzt. Die sollen in den nächsten Jahrzehnten zu einem Wald heranwachsen. Das ist dann kein Urwald mehr mit seinem dichten Unterwuchs aus Salalbeeren, Heidelbeeren, Orchideen und den alten grauen Bartflechten auf den Ästen. Stattdessen entsteht ein im Planungsbüro berechneter Forst, in dem nichts anderes wachsen soll als die gepflanzten Fichten oder Douglastannen.

Baumpflanzer

Ein neues Bäumchen zu pflanzen scheint ganz einfach: mit der Schaufel ein Loch graben, so tief, dass die Wurzeln gerade, ohne umzubiegen, hineinpassen, das Bäumchen hineinsetzen und die Erde ringsum so antreten, dass sie überall an der Wurzel anliegt – fertig. Jetzt kann der Baum wachsen. Einfach ist dies wirklich in den Ebenen und in offenem Gelände. Schwierig wird es, wenn haufenweise Stammstücke und nasse Äste herumliegen, auf denen die Gummistiefel abrutschen. Wenn der Fuß dabei zwischen kreuz und quer aufgetürmte Äste gerät, kann er leicht verstauchen oder gar brechen. Oft ist der Wald auch schon vor vielen Jahren gefällt worden. Auf dem Kahlschlag wuchern dornige Brombeeren, Disteln und Brennnesseln. Hier suchen Bären nach Beeren – oft im dichten Gebüsch, wo sie nicht zu sehen und daher sehr gefährlich sind. Wolken von Moskitos umschwärmen die Baumpflanzer. Die tragen Spikes an ihren Gummistiefeln, regendichte Jacken und Hosen, Handschuhe oder im Sommer Klebeband um die Finger, um sich zu schützen. Sie tragen Hunderte kleine Bäumchen in riesigen Taschen mit sich, die sie rechts und links mit Karabinerhaken am Gürtel einklinken und über die Schultern hängen.

Einen Baum zu pflanzen ist leicht. Doch dafür bekommen die Pflanzer nur acht oder neun Cent. Wer es schafft, in jeder Minute einen Baum zu setzen, verdient fünf bis sechs Dollar pro Stunde. Das ist nicht viel für eine Arbeit, nach der sie abends so angestrengt und erschöpft sind, dass sie im Lager nur noch eine doppelte oder dreifache Portion essen – manchmal sind sie selbst dafür zu müde – und sofort einschlafen. Nicht viel auch, wenn man weiß, wie teuer in Kanada eine Wohnung oder auch nur ein Zimmer für den Winter ist. Denn sobald im Herbst der Boden gefriert, müssen die Baumpflanzer ihre Arbeit einstellen und auf den Frühling warten.

Stunde um Stunde rattern wir weiter gen Westen, immer durch Wald, selten einmal an einer winzigen Siedlung vorbei. Je tiefer der Zug in das Tal hinabfährt, desto mehr sprießen hellgrüne Pappeln und Birken anstelle der dunklen Fichten und Kiefern. An abenteuerlich steilen Hängen überquert der Zug eine altersschwache, bogenförmige Stahlträgerbrücke – aber nur im Schleichgang. Denn sonst würde sie womöglich zusammenstürzen. Zwischen den Waldstücken erstrecken sich breite Talwiesen und saftiggrüne Weiden mit weißen Margeriten und roten Indianernesseln, wo große Kuhherden grasen – Milch für Kanadas Stadtbewohner. Die Strecke verläuft nur einspurig. Wenn einer der gewaltig langen Güterzüge mit zwei oder drei Diesellokomotiven davor uns entgegenkommt, muss unser Personenzug an einer Ausweichstelle anhalten – nicht etwa umgekehrt wie in Europa. Für Erdöl in großen Tankwagen, für ganze Güterzüge voll Kohle oder dicht gestapelte, frisch gesägte Fichtenbalken ist dies der einzige Weg an den einzigen Hafen der nördlichen Westküste Kanadas. Das ist hier wichtiger als ein Personenzug.

Die Westküste

Schließlich haben wir die äußerste Kette der waldbedeckten Rocky Mountains erreicht. Sie wird hier an der Westküste Kanadas von unzähligen Meeresbuchten und schmalen Meereseinlässen wild zerrissen. Große Flüsse wie der Skeena* oder der Frazer River haben sich scharf eingeschnitten. Bei jeder Flut steigt der Meeresspiegel stark an, an manchen Engstellen zweimal täglich um sechs Meter. Dabei presst er gewaltige Wassermassen zwischen den vorgelagerten Felsinseln hindurch. Die entstehenden Strömungen sind so stark und reißend, dass auch ein sehr schnelles Kanu mit aller Kraft nicht dagegen anrudern kann, sondern auf die nächste Ebbe warten muss.

An dieser zerrissenen Küste gibt es kein flaches Land, auf dem Menschen ihre Felder anlegen oder ihre Kühe, Schafe oder Ziegen weiden lassen könnten. Wo sollen Menschen hier wohnen?

Nur an einigen wenigen Stellen hat das Meer schmale, sichelförmige Buchten ausgewaschen und einen dunklen Kies- oder Sandstrand aufgespült. Gleich dahinter ragen die waldbedeckten Berghänge steil auf. Diesen schmalen Streifen nennen die Bewohner die «Messerschneide», die zwischen den abgrundtiefen Meeresströmungen auf der einen Seite und den kaum zugänglichen Steilhängen auf der anderen Seite liegt. Hier haben sich einige Indianervölker angesiedelt: die Haida**, die Tlingit***, die Kwakiutl (die sich selber Kwakwakawakw nennen), die Snuneymucx**** und viele andere.

* Sprich: Skína
** Sprich: Héi-da
*** Sprich: Klínk-it
**** Sprich: Snanéimax

Mehr als eine Reihe Häuser hatte in ihren Siedlungen keinen Platz. Alle Häuser schauen auf das offene Meer und die zahlreichen vorgelagerten Inseln hinaus. Denn das ist ihr eigentlicher Lebensraum, nicht so sehr die Bergwelt in ihrem Rücken. Nur vom Meer kommen Besucher und Neuigkeiten.

Lachs- und Bärenwald

Das Meer ist voller unermesslicher Schätze. Die Felsküsten und Strände sind bedeckt mit Muscheln und Austern, die die Haida nur aufzulesen oder auszugraben brauchen. Im Spätsommer und Herbst ziehen die bis eineinhalb Meter großen Lachse aus dem gesamten Pazifischen Ozean in die Mündungen der Flüsse und wandern gegen die Flussströmung immer weiter flussaufwärts, bis hinauf in die kleinen Waldbäche. Wenn sie unter den Tausenden einmündenden Bächen denjenigen gefunden haben, in dem sie selber einst geboren wurden, dann legen sie dort im kühlenden Schatten des Waldes ihren Laich ab. Oft müssen die Lachse bei ihrer Wanderung Stromschnellen oder gar Wasserfälle überwinden. Mit aller Kraft schnellen sie sich hoch und springen bis zu drei Meter hohe Wasserstürze hinauf.

An solchen Stellen versammeln sich die Bären, um mit einem Prankenhieb einen großen Lachs aus dem Wasser zu schleudern. Auch die Haida holen mit Speeren die Lachse aus dem Bächen. Oder sie hängen ihre Netze in die Flussmündungen und fangen so scheinbar unerschöpflich viele Lachse.

An der Westküste regnet es fast immer. Zehn Monate lang regnet es jeden Tag, manchmal sogar zwei Monate lang ohne eine einzige Unterbrechung. Nur im Juli und August scheint die Sonne. Selbst im Winter

Ein Bär auf Lachsfang

regnet es, denn eine warme Meeresströmung des Pazifiks hält die Küste
schnee- und eisfrei.

Durch dieses milde und regenreiche Klima können die Wälder das
ganze Jahr über wachsen. Außerdem werden sie gut gedüngt: Die Bären, die jedes Jahr Lachse aus den Bächen holen, fressen sie gar nicht
immer auf. Oft beißen sie nur ein großes Stück heraus und lassen den
Rest liegen, wo er von anderen Tieren gefressen wird oder verrottet.
Später hinterlassen die Bären ihren Kot irgendwo im Wald. Lachse
und Bären düngen also den Wald auf eine Weise, die es sonst nirgends
auf der Welt gibt. Die Bäume wachsen daher üppiger und höher –
sie werden sogar größer als im tropischen Regenwald. Manche werden
hundert Meter hoch.

Man nennt den Wald auch Regenwald der gemäßigten Breiten.

Stattdessen könnte man ihn auch Lachs- und Bärenwald nennen. Doch anders als im tropischen Regenwald mit seinen vielen hundert Baumarten und Tausenden von Tierarten leben hier nur wenige Arten. Sitka-Fichten und Riesenlebensbäume sind oft die einzigen Bäume.

Die Riesenlebensbäume haben winzige Nadeln, die schuppenförmig und so weich sind, dass man sie kaum als Nadeln erkennt. Sie stehen so dicht aneinander und übereinander, dass sie eine dichte Fläche bilden. Das Wasser rinnt an ihnen außen herab. Im Schutze des Baumes bleibt man trocken wie unter einem Zelt – einem Zelt allerdings, dessen zentrale Zeltstange so hoch wie zwanzig oder fünfundzwanzig Stockwerke sein kann. Entsprechend dick ist der Stamm, denn der Riesenlebensbaum wächst schnell und wird sehr alt. Die ältesten Stämme sind über tausend Jahre alt und so dick, dass selbst fünfundzwanzig Mann sie nicht umfassen können.

Ich bin von dem schmalen Pfad abgekommen. Nicht schlimm, denke ich, ich folge einfach der ungefähren Richtung. Doch mächtige Sitka-Fichten sind umgestürzt und liegen übereinander und ineinander verkeilt umher. Ihre fast zwei Meter dicken Stämme modern feucht. Federmoose und Rippenfarn wachsen auf ihnen, manchmal meterhohe Blaubeerbüsche. Es riecht holzig, modrig und pilzig. Ich muss unter den Stämmen hindurch- und über die Stämme darüberklettern und -rutschen und schmiere mich mit schwarzem Torfmoder voll. Nasse Wurzeln kriechen wie Urzeitreptilien über den vom Regen schlammig-aufgeweichten Waldboden. Ein falscher Tritt darauf, und du rutschst aus. Ein unbedachter Tritt dagegen, und du stolperst und landest im Schlamm. Drei Meter hohes Salalbeerengebüsch versperrt den Weg – so dicht verwachsen wie ein Knäuel schwarzer Schlangen, das zu hartem Holz erstarrt ist. Wo geht es weiter? Die Sonne bietet keine

Links: Der Rucksack verschwindet fast neben diesem Riesenlebensbaum.

Der Weißkopfseeadler ist ein ganz wichtiger Vogel für die Haida.

Orientierung. Sie ist hinter den Riesenlebensbäumen und der schwer herabhängenden Wolkenschicht nicht zu sehen. Überall sieht es gleich aus. Erschöpft setze ich mich auf einen modrigen Ast, der sofort unter mir zusammenbricht.

Es ist still, nur vom weit entfernten Meeresufer ertönt der Schrei eines Seeadlers. Kein Tier ist zu sehen. Vorsichtshalber kontrolliere ich sorgfältig die Äste über mir, denn auf jedem von ihnen könnte ein Puma lauern und sich von hinten auf mich stürzen. Doch zum Glück bekomme ich keinen zu sehen.

Der Wald mit den Riesenlebensbäumen ist für die Haida und die anderen Völker ebenso wichtig wie das Meer mit den Fischen und Muscheln. Denn aus den Stämmen bauen sie ihre Häuser und Einbaum-Kanus.

Einbaum-Kanus

Um den richtigen Stamm für einen neuen Einbaum zu finden, durchstreiften die Haida die Wälder und suchten nach gerade gewachsenen und astfreien Bäumen. Dann klopften sie an die Stämme. Am Klang erkannten sie, ob der Stamm gleichmäßig gewachsen oder ob er schon etwas morsch war. Wenn er gut klang und gut aussah, bohrten sie ihn an verschiedenen Stellen bis in das Innere an, wieder um zu sehen, ob es keine auch noch so kleine morsche Stelle gab. Diese Suche nach dem passenden Stamm konnte mehrere Monate oder auch ein Jahr dauern.

Wenn sie einen geeigneten Baum gefunden hatten, fällten sie ihn, was natürlich eine riesige Schneise in den Wald schlug. Der Stamm ist viel zu schwer, als dass ihn die Männer eines Dorfes abtransportieren könnten. Deshalb höhlten sie den Stamm gleich hier aus und schnitzten ihn grob in die Form des späteren Einbaums. Auch das dauerte mehrere Monate.

Alle Männer eines Dorfes zogen dann den nicht mehr ganz so schweren Stamm längs durch den Wald zum nächsten Fluss und flößten ihn ins Meer und an den Strand ihres Dorfes. Dort schnitzten ihn der Bootsbaumeister und seine Gesellen, bis die Bootswände nur noch fünf Zentimeter Dicke hatten. Mit kleinen Probebohrungen durch die Bootswände überprüften sie regelmäßig, ob wirklich alle Stellen gleich dick waren. Nur so konnten sie sicherstellen, dass das Boot später perfekt im Gleichgewicht schwamm und nicht umkippte.

Nun schöpften sie etwas Meerwasser in den Bootsrumpf und machten ein großes Feuer daneben, in das sie dicke Lavasteine rollten. Wenn die Lavasteine rot glühten, warfen sie diese in den wassergefüllten Bootsrumpf, sodass das Wasser kochte, aufspritzte und heißer Wasserdampf aufstieg. Der heiße Dampf machte das Holz weich. Dann stemmten sie die Bootswände oben so weit auseinander, bis das Boot

Traditionelle und moderne Kanus der Haida.

um die Hälfte breiter geworden war. Mit Querspanten stabilisierten sie die neue Form.

Früher waren manchmal fünfzig Krieger, alle Männer eines Dorfes, mit einem solchen Kriegskanu unterwegs. Wäre das Kanu untergegangen, dann wäre das eine schreckliche Katastrophe für das ganze Dorf gewesen. Die Boote wurden deshalb mit äußerster Sorgfalt gebaut. Der Bootsbaumeister musste in dieser Zeit besonders konzentriert, meditativ und enthaltsam leben. Zum Schluss wurde das Boot mit rostroter Eisenfarbe, blaugrünem Kupfermineral und schwarzer Holzkohle bemalt – oft mit Szenen von der Erschaffung der Menschheit.

Bei der Einweihung eines Kanus wurde getanzt und gesungen. Dabei durfte nicht irgendetwas getanzt und gesungen werden, sondern nur die Tänze und Lieder, die dem Dorf gehörten. Die wiederum durfte kein anderes Dorf singen oder tanzen. Viele der auch heute noch gesungenen Stücke sind vererbt und kommen schon von den Großeltern oder Urgroßeltern. Manche sind neu erworben, etwa bei besonderer Tapferkeit auf der Jagd. Für die Einweihung wurden natürlich solche Stücke einstudiert, die die Geister des Meeres und der Winde milde stimmen und die Kriegsgeister stärken sollten.

Häuser, Musik und Tanz

Auch beim Hausbau wurden solide Lebensbaumstämme verwendet – besonders für die sechs Eckpfosten der Häuser und die fünf Tragbalken des Daches. Die Häuser waren wie die Bäume: wuchtig, gewaltig groß und stark. Sie besaßen keine Fenster. Wer aus dem Licht des Tages in das Haus kam, betrat eine andere, dunkle Welt: die Welt von Lagerfeuern, Wärme und Essen. Die Welt des Regens, der Stürme und Meereswellen blieb draußen vor dem Eingang. Der Eingang war schmal, kaum breiter als ein Mensch, und so niedrig, dass man sich tief bücken musste. Denn wer eintreten wollte, musste durch die schmale Öffnung in dem dicken, zentralen Pfosten des Hauses hindurch – jawohl, durch den Pfosten hindurch! Das war symbolisch für den Wechsel von draußen nach drinnen. Es bot aber zugleich auch Schutz. Denn niemals konnte eine ganze Horde feindlicher Krieger gleichzeitig das Haus umstellen und blitzartig eindringen. Es kam immer nur einer – und das tief gebückt – herein. Jeder Feind bekam dabei einen harten Schlag mit der Keule auf den gebeugten Kopf.

Das Haus enthielt nur einen sehr großen, quadratischen Raum. Er senkte sich wie eine umgekehrte Stufenpyramide nach unten und nach der Mitte hin ab. In dem untersten Quadrat loderte das Feuer aus

Shoshanna, eine junge Haidafrau

großen Stammstücken. Darum herum zog sich eine Ebene mit winzigen Hockern zum Sitzen. Die nächsthöhere Ebene war über eine kleine Treppe zu erreichen. Dort waren die Felle und Pelze für die Nachtlager ausgebreitet. Auf der äußersten, oberen Ebene lagerten Waffen und Werkzeuge. Ein solches Haus bot mehreren Familien eines Clans Schutz. Sie verteilten sich auf die verschiedenen Bereiche des Hauses.

Shoshanna, eine junge Frau aus Skidegate*, einem alten Haidadorf auf der Inselgruppe Haida Gwai**, erläutert uns weitere Einzelheiten: Der zentrale Hauspfosten, also der Pfosten in der Mitte der Hausfront mit dem Eingangsdurchlass, überragte das Dach des Hauses mindestens um das Doppelte. Er war eine Art Namensschild der Familie. Denn da die Haida keine Schrift kannten, mussten sie sich anders gegenseitig vorstellen. Ganz oben auf diesem Hauspfosten saß entweder ein Adler

* Sprich: Skí-dde-geít
** Sprich: Heí-da-gweí

Neue Pfosten vor der modernen Versammlungshalle in Old Masset, einem Dorf der Haida auf Queen Charlotte Island.

oder ein Rabe – beide riesengroß und aus dem Holz des Lebensbaumes geschnitzt. Das zeigte den vorbeipaddelnden Haida schon von ferne an, ob die Familie zum Stamm der Adler oder dem der Raben gehörte. Gehörte sie zum eigenen Stamm, wusste ein verspäteter oder verirrter Fischer oder Krieger, dass man ihn dort aufnehmen würde.

Unter dem Adler oder dem Raben kauert das geschnitzte Tier des Clans, etwa ein Hundslachs oder ein Biber. Die Tiere darunter erzählen die wirkliche oder die mythologische Geschichte der Familie: wer sich bei der Jagd auf Wale, beim Sammeln von Bergziegenwolle oder bei den Eroberungskriegen entlang der Küste bis nach Kalifornien besonders tapfer oder geschickt erwiesen hatte oder wer welchen Geistern begegnet war.

Außer diesem Hauspfosten gibt es noch Pfosten, die etwa zum Ge-

Masset begrüßt seine Besucher mit den traditionellen Wächterfiguren.

denken an einen verstorbenen großen Häuptling errichtet wurden. Auf einem solchen Erinnerungspfosten stehen oben drei Wächterfiguren, die in drei Richtungen aufs Meer, geradeaus und nach rechts und links, schauen. Nur nach hinten gibt es keinen Wächter, denn vom Land kommt niemand.

Neben dem mächtigen Adler und dem intelligenten Raben, der für die Jäger besonders wichtig ist, werden vor allem starke und andere, für die Haida wichtige Tiere wiedergegeben: Bären, Biber, Lachs oder der Orca, der Killerwal, von dem nur die Flossen dargestellt werden. Diese Tiere verkörpern auch seelische Kräfte. Ein Mensch kann diese Kräfte erwerben, wenn er sich in Tänzen und Liedern in die jeweiligen Tiere verwandelt. Dann zieht er sich etwa eine über einen Meter lange hölzerne, bunt bemalte Maske eines Rabenkopfes oder die Maske eines Adlers

Unter der hölzernen Maske eines Rabenkopfes verwandelt sich der Tänzer in ein neues Wesen.

oder Killerwales über. Er wird dann während des Tanzes zu einer Art Mischwesen aus Mensch, Tier und Geist und nimmt deren Kräfte auf.

Cohen aus Skidegate, der gerade Abitur gemacht hat und mit Tanz und Gesang der Haida groß geworden ist, erläutert die verwendeten Instrumente: Da ist die Rassel aus Hirschgeweih, an die ein großes Büschel Hufschalen von Wapitihirschen geknotet ist, sodass sie hohl rasselt wie ein Rudel Hirsche, das über einen Kiesstrand galoppiert. Das lauteste Instrument ist eine hölzerne Kiste als Trommel. Die vier Seiten dieser Klangkiste werden aus einer einzigen unzersägten Planke des Lebensbaumholzes hergestellt. Dazu wird die Planke an drei Stellen vorsichtig eingeschnitten und dann in ein Bad mit heißem Wasserdampf gebracht. Wenn das Holz weich gedämpft ist, werden die Stücke rechtwinklig umgebogen und an einer Stelle mit Harz verklebt. Jetzt müssen nur noch oben und unten die Deckel, ebenfalls aus Lebens-baumholz, eingefügt werden. Dann wird die Trommel mit Tieren und Geschichten in den typischen Haidaformen bemalt. Eine Art Tambu-rin, ein schmaler Holzrahmen, wird ebenfalls mit Hirschfell bespannt und dient als zweite Trommel.

Heute gibt es sechs Tanzgruppen auf Haida Gwai, in denen Kinder, Jugendliche und Erwachsene getrennt proben und bei Festen gemein-sam Tänze aufführen.

Potlatch*

Wenn in einem Dorf eine Hochzeit ausgerichtet wurde, wenn der Häuptling einen Sohn bekam, wenn er – was mehrfach im Leben geschah – seinen Namen änderte, wenn ein wichtiges Stammesmit-glied verstorben war oder auch wenn ein Häuptling ein Mitglied eines fremden Stammes in den eigenen Stamm aufnehmen wollte, dann war das für alle Stämme so wichtig, dass sie es erfahren mussten. Da es aber keine Schrift und natürlich kein Telefon oder Internet gab, mussten sie alles direkt von Mund zu Ohr hören. Der Häuptling lud also andere Häuptlinge und Mitglieder von anderen Stämmen ein, manchmal sogar von verfeindeten. Je wichtiger diese Nachricht war, desto mehr Menschen, oft drei- oder vierhundert, zuweilen sogar vier-tausend, lud er ein. Sie kamen aus großen Entfernungen, manchmal so weit wie Alaska.

Ein solcher Potlatch wurde lange vorher vorbereitet. Denn das Essen für mehrere hundert Gäste konnten sie nicht kaufen. Sie mussten mehr Muscheln am Strand ausgraben, mehr Krabben fangen und schon im

* Sprich: Pótt-lätsch

Eine traditionelle Decke aus Bergziegenwolle

Herbst vorher mehr Lachse fischen und räuchern und mehr Beeren sammeln und trocknen.

Außerdem bereiteten der Häuptling, seine Familie und sein Clan Geschenke für die Besucher vor. Denn jeder Gast bekam, je nachdem in welcher Stellung er stand, ein kleineres oder auch ein sehr großes Geschenk. Ein kostbares Geschenk war eine warme Decke aus der Wolle von Bergziegen, die in traditionellen Mustern und verschiedenen Farben gewebt wurde. Sie war mit Knöpfen von bunt schimmerndem Perlmutt oder mit Büscheln von langen, schwarzen Fäden, die wie Rabenfedern aussahen, verziert. Um eine solche Decke zu weben, braucht eine Frau zwei bis drei Jahre. Ein anderes wertvolles Geschenk war ein wasserdichter Hut, der aus den feinen Wurzeln von Fichten in verschiedenen Mustern gewebt wurde. Für einen einzigen solchen Hut braucht eine geschickte Weberin ebenfalls zwei bis drei Jahre!

Neben diesen materiellen Geschenken gab es die immateriellen: die Tänze und Gesänge, die den Gästen vorgeführt wurden. In einer Ansprache verkündigte der Häuptling allen Gästen, weshalb er sie eingeladen hatte. Dabei trug er die traditionelle Krone mit einer Sonnendarstellung vor der Stirn. Von dieser Stirnkrone hingen zahlreiche weiße Hermelinfelle über seinen Rücken, manchmal bis auf den Boden hinab. Seine Schultern umhüllte er mit einer kostbaren Decke aus Bergziegenwolle.

Wer dieses Fest erlebt und Geschenke erhalten hatte, konnte sich später gut daran erinnern und auch bezeugen, was der Häuptling vorgetragen und angekündigt hatte.

Der Häuptling und seine Familie verschenkten bei einem Potlatch einen großen Teil ihres Reichtums. Dafür wurden sie von allen anderen hoch angesehen. Denn das Wichtigste im Leben der Haida war nicht, möglichst viel zu besitzen. Das Wichtigste war, möglichst viel zu verschenken!

Wer bei einem Potlatch große Geschenke erhalten hatte, versuchte sobald wie möglich, auch einen Potlatch abzuhalten, um seinerseits viele Geschenke zu geben. Das Wort Potlatch heißt sogar übersetzt nichts anderes als: «Geschenke geben». Auf diese Weise verteilten die Reichsten immer wieder ihren Reichtum unter den Ärmeren. Und es kam nicht zu Neid und Missgunst.

Am Ende des 19. Jahrhunderts kamen europäische Pelzhändler auch an die Westküste Kanadas. Sie tauschten von den Haida und anderen Völkern die kostbaren weichen Pelze des Meerotters* ein. Sie «zahlten» mit ihren Tauschwaren gut für diese Felle, die den Haida vor-

---

* Der Meerotter ist ein großer Verwandter unseres Fischotters mit besonders dichtem und seidig-weichem Fell.

her nur wenig wert waren. Einige Häuptlinge jagten dann nur noch Meerotter und wurden durch diesen Tauschhandel immer reicher. Manche wurden so unvorstellbar reich, dass sie auf einem Potlatch jedes Maß verloren. Sie überboten sich gegenseitig so sehr mit Geschenken, dass sie sich selbst und ihre Familien ruinierten. Außerdem waren die Meerotter bald ausgerottet.

Im Jahre 1884 verbot die kanadische Regierung deshalb alle Potlatchs. Das war für die Haida schlimm, da sie nun keine Gelegenheit hatten, ihre weiter entfernt lebenden Verwandten zu sehen und Neuigkeiten zu erfahren. Manchmal wurde heimlich ein Potlatch veranstaltet. Erst seit 1950 ist es offiziell wieder erlaubt, «Geschenke zu geben». Heute werden weiterhin Potlatchs abgehalten. Doch mittlerweile sind die Haida nicht mehr reich. Die Geschenke sind nur noch klein. Manchmal sind es nur ein paar Kartoffeln, etwas Mehl oder Zucker. Aber wirklich jeder Eingeladene erhält ein Geschenk.

Kriege und Lachse

Die Haida wurden damals nicht nur durch den Pelzhandel reich, sondern auch durch Kriegszüge. Dazu bauten sie jeweils ein großes Kriegskanu für fünfzig Krieger und paddelten zwischen den zahlreichen Inseln an der Westküste entlang nach Süden bis hinab an die Südspitze von Kalifornien. Die Haida waren dank ihrer fischreichen Nahrung groß gewachsen und äußerst kräftig. Sie überfielen die Dörfer benachbarter und entfernter Völker. Von ihren Kriegszügen brachten sie nicht nur reiche Beute mit, sondern auch Sklaven, die für sie die unangenehmeren und schmutzigeren Arbeiten erledigen mussten.

Als es nicht mehr genügend Pelztiere gab, verarmten die Haida. Die meisten starben durch eingeschleppte Krankheiten. Die eingewanderten Europäer begannen nun stattdessen Lachse zu fangen. Doch anders als die Haida fingen sie die Lachse jetzt nicht nur, um sie selber zu verzehren. Sie verschifften sie auch nach Europa und Japan. Immer mehr Fischkutter fuhren hinaus, immer größere Fabriken wurden gebaut, um die Lachse zu zerlegen, zu räuchern oder in Dosen abzufüllen. In den 1960er-Jahren arbeiteten allein in Prince Rupert drei- bis viertausend Arbeiter in den sechs Fischfabriken. Außerdem gab es zwei Fabriken, die ausschließlich die Reste der Lachse, die Haut, Gräten usw., verarbeiteten. Dieses Fischkonzentrat wurde damals regelmäßig in riesigen Tanks an die französischen Parfümfabriken in Paris geliefert.

Doch inzwischen sind so viele Lachse gefangen worden, dass es immer weniger gibt. Statt mehrerer tausend Fischkutter gibt es in Prince Rupert nur noch wenige hundert Boote, statt sechs Fischfabriken nur noch eine. Die ehemaligen Arbeiter der Fabriken verdienen kein Geld mehr. Seitdem kontrollieren die kanadischen Fischbehörden jedes Jahr, wie viele Lachse es in dieser Saison voraussichtlich geben wird. Erst dann legen sie fest, wie viele gefangen werden dürfen. Auf diese Weise hoffen sie, dass die Lachsschwärme wieder größer werden und nicht völlig aussterben.

Im Fischereihafen

Heute geht es in den kleinen Fischereihäfen von Prince Rupert, Ucluelet*, Tofino oder Queen-Charlotte-Village sehr ruhig zu. Es riecht nach Blasentang, der während der Zeit der Ebbe trockengefallen ist, und nach Miesmuscheln, die fest verschlossen auf die Flut warten,

* Sprich: Ju-klú-lett

Die Fischerboote fahren jeweils für mehrere Tage hinaus.

um sich dann wieder einen Spalt weit zu öffnen. Abgerissene Streifen von Kelp* und dessen tennisballgroße Luftblasen trocknen zusammen mit ausgeblichenen silbergrauen Stücken von Treibholz an der oberen Flutlinie. Ein Trupp Regenpfeifer stochert darin herum und stöbert kleine Krebschen und Fliegen dazwischen auf. Eine junge Silbermöwe hockt auf dem Radargerät eines Fischerbootes und schreit mit weit aufgerissenem gelbem Schnabel lauthals klagend-miauend, bis sie mit einem silbernen Fischchen gefüttert wird. Ein ausgewachsener Weißkopfseeadler gleitet ohne Flügelschlag am Ufer entlang und äugt scharf, ob irgendwo ein Fisch angespült wurde. Ein Trupp schwarzer Austernfischer pfeift in nervösem, immer schneller werdendem Stakkato. Aus

---

* Kelp ist eine manchmal zwanzig Meter lange Braunalge, die fest am Untergrund des Meeres verwurzelt ist.

der Ferne der gegenüberliegenden, dicht bewaldeten Inseln ertönt der langgezogen-abfallende, hohle und etwas unheimliche Ruf des Seetauchers*.

Die schnurartig langen, grünen Unterwasserblätter des Seegrases schwingen langsam in dem hin und her schwappenden Wasser. Ein Trupp Jungfische versteckt sich darin und scheucht winzige Wasserkrebschen auf. Als der Schatten eines grauen Kingfischer-Eisvogels auf diese fällt, verschwinden sie in der Tiefe zwischen den Seegrasblättern. Der Eisvogel fliegt keckernd weiter und landet auf der Tragfläche eines alten Wasserflugzeuges. Eine Halbkugel wie ein schwarzer Fußball erscheint an der Wasseroberfläche – zwei dunkle Augen blicken herüber. Dann verschwindet der Kopf wieder, ein runder Robbenrücken taucht kurz auf und sofort wieder unter.

Die alten hölzernen Pontons knarren, wenn sie langsam mit den Wellen auf und ab schwanken. Die abgefahrenen Autoreifen, die als Fender dienen, scheuern quietschend aneinander. Die meisten Fischerboote sind schon sehr alt, viele aus den 1920er-Jahren. Doch sie haben einen neuen Motor und Masten für die Schleppnetzausleger und für Funk und Radar bekommen. Wenn sie auslaufen, kommen sie meist nicht am selben Tag zurück, sondern sind zwei bis drei Tage unterwegs. Einer der Dieselmotoren tuckert bereits vor sich hin. Die Mannschaft ist fast fertig zum Auslaufen.

---

* Der Seetaucher ist ein großer Verwandter unseres Haubentauchers, lebt aber im Gegensatz zu diesem an der Meeresküste.

Seelöwen und Wale

Auf dem Ponton daneben liegt ein prall aufgepumptes, graues Zodiac-Schlauchboot. Unsere kleine Mannschaft puhlt sich etwas umständlich in die knallroten, wasserdichten Überlebensanzüge, die mit einem sehr leichten Kunststoffschaum dick gefüttert sind. Der Kunststoffschaum würde uns an der Wasseroberfläche treiben lassen, falls wir kenterten und über Bord fielen. Und er würde uns in dem kalten Wasser etwas länger warm und damit bei Bewusstsein halten.

«Ready?», fragt Marla, die Kapitänin. «Off we go!» Langsam tuckern wir aus dem Hafen hinaus und folgen der langgestreckten Flussmündung zum offenen Meer. Erst außerhalb des Hafengebietes dreht Marla die beiden 200-PS-starken Außenbordmotoren halb auf. Sie heulen scharf auf. Das Schlauchboot erhebt sich vorne vollständig aus dem Wasser. Nur hinten, wo die Antriebsschrauben sitzen, ist es noch ins Wasser eingetaucht. Der kalte Fahrtwind rüttelt und zerrt mit Macht an uns. Doch die Überlebensanzüge halten uns schön warm. Wir müssen uns, wie auf einem bockigen Pferd, gut festhalten, denn das Boot tanzt nun von einem Wellenkamm zum anderen und klatscht dann jedes Mal mit Wucht in ein tiefes Wellental.

Zunächst passieren wir zahllose Inselchen, auf denen der peitschende Wind nur kurz gestauchte Fichten wachsen lässt. Dann steuern wir eine unbewachsene, schwarze Felseninsel an. Die türkisblauen Wellen krachen gegen die zerklüfteten schwarzen Felsen und spritzen als weiße Gischt hoch hinauf. Von der nächsten Welle lässt sich ein dunkelbrauner Seelöwe mit Schwung auf die Insel werfen und hoppelt dann wie ein lahmer Riesenhase zu den anderen. Hunderte Seelöwen liegen faul in der Sonne und lassen sich trocknen, sodass ihr Fell nicht mehr bitterschokoladenbraun, sondern gelbbraun wie Kaffee mit viel Milch aussieht. Nur im Sommer kommen die Seelöwen auf die kleine Fel-

Die Seelöwen lassen sich von der Sonne trocknen und wärmen.

seninsel. Die Weibchen bringen dann ihre Jungen zur Welt. Wie hilf-lose nasse Bündel liegen die Neugeborenen zwischen den zwei Meter großen Müttern und den drei Meter großen, mächtigen Bullen und warten darauf, gesäugt zu werden. Sobald die Jungen in wenigen Wochen schwimmen können, werden die Seelöwen die Insel wieder verlassen und das ganze übrige Jahr in den Weiten des Pazifiks auf der Jagd nach Fischen und Tintenfischen verbringen.

Wir waren mit dem Wind im Rücken an der Insel angekommen. Doch als wir sie halb umrundet haben, schlägt uns der scharfe, heftig stechende Raubtiergeruch der Seelöwen in die Nase. Marla gibt Gas und wendet das Boot schwungvoll von der Insel weg.

Wir peilen die nächste, größere Insel an, wo ebenfalls die weiße Gischt der Brandungswellen in die Luft sprüht und vor den schwarzen

Felsen gut erkennbar ist. Wir würden ahnungslos und schnell über diese Gischt hinwegsehen, wenn uns unsere Kapitänin nicht eingeschärft hätte, genau darauf zu achten. Und tatsächlich: Eine einzelne Gischtfontäne sieht viel feiner aus, mehr wie ein kleines Dampfwölkchen. Schnell ist sie wieder aufgelöst. Doch eine Minute später erscheint wieder solch ein Wölkchen, auf das wir nun zusteuern. Beim dritten und vierten Mal noch nicht, aber beim fünften Mal sehen wir auch, dass neben dem Wölkchen ein grauer, runder Rücken auftaucht – kaum zu unterscheiden von den dunklen Wellen. Doch dann schlägt von unten die riesige, drei Meter breite Fluke, die Schwanzflosse, hoch – der Grauwal taucht ab.

Offenbar taucht er an der Felsküste entlang, wo er am Meeresgrund den Boden aufwühlt, um Krebse und Krabben durch seine Barten zu filtern. Doch dann kommt das nächste Wasserdampfwölkchen näher auf unser Boot zu. Es ist ja die Ausatemluft aus dem oben liegenden Nasenloch des fünfzehn Meter langen Wales, die in der kühleren Außenluft kondensiert und auch immer ein wenig Wasser mit in die Luft bläst. Kurz darauf steigt ein zweites, kleineres direkt daneben auf – offenbar eine Grauwalmutter mit ihrem Kind. Jede Atemluftfontäne kommt näher heran. Wir sehen die riesigen runden, grauen Rücken direkt auf unser kleines Schlauchboot zukommen, wieder abtauchen, um erneut zu erscheinen – immer näher. Marla hat die Motoren abgeschaltet und lässt das Boot mit der Strömung treiben. Wo sind die beiden Wale? Wir schauen intensiv, auch nach rechts und links. Nichts ist mehr zu sehen. Die beiden scheinen tief abgetaucht und verschwunden zu sein. Schade! Gerade wollen wir das Suchen aufgeben, da erschreckt uns ein gewaltiges Prusten direkt hinter unserem Rücken. Es riecht plötzlich nach Tang, altem Fisch und ungeputzten Zähnen. Die beiden riesigen Grauwale waren direkt unter unserem kleinen Schlauchboot hindurch und auf der anderen Seite wieder aufgetaucht. Erst später erzählte uns

Marla, dass die ersten Walfänger den Grauwal «The Devil's fish», den Teufelsfisch, nannten. Wenn er verletzt wurde, konnte er ein Ruderboot der Walfänger mit einem Flossenhieb zertrümmern und versenken. Wie gut, dass Marla die Motoren abgestellt hatte, die Schrauben nicht mehr drehten und den Rücken der Wale nicht verletzen konnten!

Ein rücksichtsloser Sportangler donnert mit seiner Motoryacht knapp an unserem Boot vorbei. Die Grauwale tauchen tief in die Fluten ab. Da wir wissen, dass Grauwale vierzig Minuten, ohne zu atmen, unter Wasser bleiben können und wir nicht ahnen können, wo sie dann wieder auftauchen werden, fahren wir weiter aufs offene Meer hinaus.

Der freundliche Kapitän eines heimkehrenden Fischerbootes gibt uns über Funk durch, dass er fünf Buckelwale nicht weit von hier gesehen habe – eine seltene Beobachtung! Marla lässt sofort die beiden 200-PS-Motoren aufheulen. Wir tanzen elegant von einem Wellenkamm zum anderen – fast scheint es, als flögen wir darüber hin.

Und schon nach wenigen Minuten sehen wir die kurzen Rückenflossen von Buckelwalen immer wieder einmal auftauchen: rechts, links und schräg vor uns. Was machen sie? Blasen sie vielleicht unter Wasser Luftblasen zu großen, runden Vorhängen? Die durch die Luftblasen eingeschlossenen Fische trauen sich dann nicht, dort hindurchzuschwimmen. Und so könnten die Buckelwale sie leicht fangen. Doch nein! Die Buckelwale scheinen zu spielen. Sie legen sich flach auf die Seite und lassen eine der vier Meter langen, unterseits weißen Vorderflossen in die Luft ragen. Wir können gut erkennen, dass dicke Seepocken auf ihnen festgewachsen sind. Plötzlich schießt ein zwölf Meter langer Wal senkrecht in die Luft, lässt sich, mit dem Rücken voraus, mit einem gewaltigen Klatschen ins Wasser fallen, sodass es weiß schäumend nach allen Seiten spritzt. Was für eine gewaltige, geballte Kraft steckt in ihm! Kaum ist der Wal verschwunden – das Wasser ist noch schaumweiß –, springt der nächste hoch und stürzt klatschend und mit

Mit aller Kraft schießt dieser zwölf Meter lange Buckelwal aus dem Wasser heraus und lässt sich klatschend wieder zurückfallen.

den Flossen winkend zurück. Die Buckelwale tanzen! Das ist so selten, dass selbst unsere Kapitänin es kaum einmal gesehen hat, obwohl sie seit zehn Jahren fast täglich auf dem Ozean nach Walen sucht!

Buckelwale sind intensiv gejagt worden, waren an der Westküste Amerikas sehr selten geworden und drohten auszusterben. Ihre Jagd ist jetzt seit mehreren Jahren verboten. Trotzdem vermehrten sich die Wale nicht. Denn ihre Hauptbeute, die sehr schmackhaften und ölhaltigen Pazifischen Sardinen, waren mit riesigen Schleppnetzen so ausgiebig gefischt worden, dass es auch von diesen zu wenig gab. Doch seit sich die Pazifischen Sardinen wieder zu großen, silberglänzenden Schwärmen vermehrt haben, gibt es auch wieder mehr Wale. Zweimal im Jahr kommen sie hier vorbei. Im Herbst ziehen sie an der Küste Nordamerikas entlang bis nach Mexiko, wo sie im tropisch-warmen äquatorialen Wasser ihre Jungen gebären. Im warmen Wasser kann das Junge, das sich noch keine dicke Speckschicht angefressen hat, groß werden, ohne zu frieren. Doch für die Mutter gibt es hier nicht genügend Fische und Krill*. Sie magert während dieser Zeit immer mehr ab. Sobald das Junge wohlgenährt ist, schwimmen beide, so schnell es geht, vom Äquator zurück in die kalten, fisch- und krillreichen Gewässer der Arktis. Hier kann die Mutter sich wieder dickfressen.

Wir sind von der Kraft und Schönheit der Wale noch wie berauscht. Wie gut, dass die Wale geschützt werden und jetzt für viele Besucher zu beobachten sind! Doch als wir wieder langsam in den Hafen eintuckern, lesen wir große handgemalte Schilder: «Keine Tanker!» und «Ein Unfall – und die Küste wäre verseucht!» Worum geht es? Wieder einmal um die Bitumensande, denn die Ölgesellschaften wollen eine große Pipeline von Fort McMurray quer durch die Rocky Mountains bis nach Prince Rupert bauen. Dort soll das Öl dann in Tankschiffe abgefüllt und in die USA und nach Japan verschifft werden. Die Öltanker müssten dabei zwischen den unzähligen kleinen Felsinseln hindurch navigieren – und das bei der schlechten Sicht, die in Prince Rupert an dreihundert Tagen im Jahr herrscht.

Bliebe nur ein einziger Tanker an einem Felsbrocken hängen, würden Zehntausende Liter stinkendes Rohöl ins Meer fließen und alle Lebewesen vergiften: Muscheln, Krebse, Fische, Krill und letztendlich auch die Wale.

«Solch ein Unglück ist ganz und gar unwahrscheinlich», sagen die Ölkonzerne. Aber die Bewohner der Westküste erinnern sich noch sehr gut an den riesigen, dreihundert Meter langen Öltanker «Exxon Valdez». Am 24. März 1989 lief die «Exxon Valdez» unter ihrem betrunkenen Kapitän vor der Küste Alaskas zwischen den Städten Cor-

---

* Krill sind wasserflohgroße bis wenige Zentimeter große Krebse, die in unvorstellbaren Massen vorkommen und die Hauptnahrung für viele Walarten sind.

dova und Anchorage auf ein Riff auf und wurde der Länge nach aufgeschlitzt. Fünfunddreißig Millionen Liter Erdöl flossen damals in das Meer. Über zweitausend Kilometer Strand und Felsküste wurden von einer schwarzen, giftigen, zähflüssigen Masse überzogen. Das Gefieder der Seevögel, die Pelze der Robben und Meerotter verklebten und wurden wasserdurchlässig. Hunderttausende Vögel, Robben, Otter und Wale starben elendiglich. Die Heringsschwärme, die jedes Jahr kamen, sind seither verschwunden und bis heute nicht zurückgekehrt, ebenso die großen Krabben. Viele Fischer haben die Region verlassen.

Niemand, der an der Westküste lebt, möchte solch eine Katastrophe hier noch einmal erleben!

Mit dem Wasserflugzeug unterwegs

Meine Zeit in Kanada neigt sich dem Ende zu. Wie komme ich jetzt von der kleinen Fischersiedlung auf der Pazifikseite von Vancouver Island zurück in die Millionenstadt Vancouver? Der Linienbus würde sechs Stunden lang auf kurvenreichen Bergsträßchen die schmalen Täler hinauf bis über die Pässe der Insel und auf die andere Seite von Vancouver Island in die nächste Kleinstadt fahren. Dort könnte ich übernachten und am nächsten Tag den Stadtbus zum Fährhafen nehmen, dann drei Stunden mit der Autofähre über die Bucht zum Fährhafen von Vancouver fahren und dort noch einmal den Bus in die Innenstadt nehmen. Fahrten über Land sind hier an der zerklüfteten Westküste sehr umständlich.

Doch ich möchte zum Abschluss noch kennenlernen, wie Küstenbewohner, Holzfäller und Baumpflanzer die abgelegensten Gebiete in den langen, schmalen Buchten der zerschnittenen Küste erreichen.

Wasserflugzeuge sind oft die einzigen Transportmöglichkeiten.

An dem hölzernen Ponton liegt sie schon vertäut und wird von den Wellen leicht geschaukelt: die De Havilland DH-2 Beaver von 1951. Die «Beaver» ist schon ein Oldtimer. Aber trotz ihres Alters ist sie noch immer das meistgeflogene und zuverlässigste Transportflugzeug zwischen den Inseln der Westküste (und auch im Norden Kanadas). Denn sie braucht nur sehr kurze Start- und Wasserbahnen, kann also auch sehr kleine Seen und Buchten überall an der Küste erreichen.

Die «Beaver» hat Platz für fünf Passagiere und den Piloten. Doch heute bin ich der einzige Fluggast und sitze vorne auf dem Copiloten-sitz. Im Armaturenbrett gibt es keine Elektronik, sondern nur mecha-nische Zeiger, Knöpfe und Hebel, die über Stahlseile die Höhen- und Seitenleitwerke bewegen. Alles ist robust, kann auch bei Gewitter nicht ausfallen und ist seit über sechzig Jahren absolut zuverlässig.

Mein Gepäck ist verstaut. Der Flugkapitän hat alle Funktionen des Flugzeugs überprüft. Er setzt sich einen gut gepolsterten Gehörschutz auf und reicht mir einen zweiten. Dann startet er den 9-Zylinder-Sternmotor, der den dreiflügeligen Propeller auf der Nase der «Beaver» antreibt. Der Motor bollert und dröhnt dumpf auf und schüttelt das kleine Flugzeug völlig durch. Die Halteleinen sind gelöst. Wir schwimmen los. Mithilfe der Steuerruder hinten an den beiden Schwimmern steuern wir den offenen Teil des Hafenbeckens an. Eine letzte Kontrolle, dann schiebt der Kapitän die Hebel auf Vollgas. Der Motor brüllt auf. Gischt wird vom Propeller aufgewirbelt und spritzt an die Seitenscheiben. Wir rauschen voran. Das Flugzeug hebt schnell seine Nase. Schon nach wenigen Metern macht die «Beaver» ein paar Hüpfer, die immer größer werden. Sie wird im Seitenwind etwas hin und her geworfen, doch dann dröhnen wir frei über das glitzernde Wasser dahin. Eine scharfe Linkskurve, und wir haben die Hafenbecken hinter uns gelassen und steigen steil über die im blauen Dunst liegende Bucht, die Vancouver Island vom Festland trennt. Fern am Horizont ragen bereits die bewaldeten und auf ihren Gipfeln schneeglänzenden Rocky Mountains auf, die Vancouver wie eine gigantische Stadtmauer umgeben.

Unter uns schwimmen Frachtschiffe und eine der großen Autofähren. Ein Schleppschiff zieht langsam ein gigantisches Floß, das aus über dreißig kleineren Flößen von je etwa hundert großen Baumstämmen zusammengesetzt ist – insgesamt so groß wie vier Fußballfelder zusammen. Ein ganzer Wald treibt hier im Wasser auf dem Weg zum Holzhafen von Vancouver. Später werden wir dort weitere Zehntausende Stämme lagern sehen. In Sägewerken werden sie zu Balken zurechtgesägt und hauptsächlich nach Japan verschifft.

Nach vierzig Minuten taucht im Dunst bereits die Wolkenkratzer-Silhouette von Vancouver auf (siehe auch das Foto auf S. 190). Wir steuern im Sinkflug direkt darauf zu. Frachtschiffe, Fährboote, ein

Ein riesiges Floß wird über das Meer zum nächsten Sägewerk geschleppt.

großes Kreuzfahrtschiff und Hunderte weiße Yachten liegen in den verschiedenen Hafenbereichen der zahllosen Inseln Vancouvers. Wir peilen die offene Wasserfläche am Kreuzfahrtterminal an. In einem großen Bogen gleiten wir tiefer, nähern uns schnell dem Wasser, bis es schlagartig an den Flugzeugseiten hochspritzt. Die Beaver wird vom Wasserwiderstand schnell abgebremst, die Nase senkt sich abwärts, und kurz darauf legen wir schon an dem hölzernen Ponton der Fluggesellschaft an. Das Flugzeug wird vertäut.

Nur ein paar Treppenstufen hinauf, und ich stehe mitten im trubeligsten Verkehr von Vancouvers Innenstadt.

Vancouver – die jüngste Stadt Kanadas

In dem Mündungsgebiet des Frazer Rivers, in den zahlreichen Buchten und auf den vorgelagerten Inseln und Inselchen lebten schon seit mindestens elftausend Jahren verschiedene indianische Stämme, die verschiedene Sprachen sprachen; heute sind es vor allem Stämme der Squamish* und Musqueam**. Die meisten dieser Ureinwohner starben jedoch an den Pocken, die von europäischen Pelzhändlern Ende des 18. Jahrhunderts unbemerkt eingeschleppt worden war.

Die europäischen Entdecker erreichten erst spät die Westküste, das westlichste Ende Kanadas – über zweihundert Jahre später als Quebec. 1782 landete der spanische Kapitän José Maria Narvaez, ein Jahr später der englische Kapitän George Vancouver an der Küste, und beide beanspruchten das neu entdeckte Gebiet für ihr jeweiliges Königreich – natürlich ohne die Ureinwohner auch nur zu fragen.

1825 und 1827 errichtete die Hudson Bay Company die Forts Vancouver und Langley als Pelzhandelsstationen vor allem für die kostbaren Meerotterpelze. Außer Pelzen exportierten sie auch Lachse. 1859 wurden die ersten Goldflitter im Frazer River gefunden. Im über zweitausend Kilometer entfernten Kalifornien desertierten daraufhin Soldaten. Holzfäller und Sägearbeiter ließen ihre Arbeit liegen. Frauen und Kinder blieben allein zurück in Kalifornien. Denn dreißigtausend Abenteurer fuhren in überladenen Dampfschiffen zum Frazer River, um dort Gold zu suchen. Dampfschiffe aber brauchen Kohle! Gerade im richtigen Moment waren im Gebiet Vancouvers Kohlelager entdeckt worden.

Am Frazer River angekommen, wollten die Goldsucher mit Booten den Fluss hinauffahren. Doch in den kleinen Forts gab es noch keine Boote. So hämmerten sie in aller Eile ein paar Planken zusammen, die

* Sprich: S-cho-cho-mesch (mit ch wie in Dach)
** Sprich: Meskweíem

mehr einem Sarg als einem Boot ähnelten. Und tatsächlich fanden viele Goldsucher in den Stromschnellen oder dem Pfeilregen der empörten Indianer den Tod. Doch einige wurden reich. Gold im Wert von dreißig Millionen Dollar wuschen sie in den 1860er-Jahren aus dem Frazer und dem Caribou River. Als die Goldfunde zurückgingen, wurden neue Bodenschätze von Kupfer, Blei, Zink und Kohle entdeckt. Der neue Reichtum und die vielen Neuankömmlinge machten aus der bescheidenen Siedlung eine Großstadt. 1886 wurde sie es offiziell: die jüngste Stadt Kanadas – benannt nicht nach dem ersten, dem spanischen Entdecker, sondern dem zweiten, dem englischen. Denn die spanische Krone hatte ihre Soldaten und die Ansprüche auf den Kontinent inzwischen zurückgezogen. Und so heißt die Stadt heute nicht Narvaez, sondern Vancouver*.

Nach diesem Anfang ging alles sehr schnell: Dampfmaschinen betrieben Sägemühlen, um die scheinbar unendlichen Lebensbaum- und Fichtenwälder zu Brettern zu zersägen und Häuser daraus zu bauen. Die überschüssigen Bretter wurden mit Segelschiffen nach Japan, Australien und später Europa exportiert. Ziegelbrennereien wurden gebaut und mit dem Holz der Wälder befeuert, um aus den gebrannten Ziegeln die ersten großen Steinhäuser Vancouvers zu bauen. Lachskonservenfabriken machten das Lachsfleisch haltbar, sodass es als Delikatesse frisch in England ankam.

1884 erreichte die quer durch Kanada gebaute Eisenbahn die kanadische Westküste. Vancouver wurde Endbahnhof. Mit der Bahn konnte der Weizen der kanadischen Prärien jetzt an den Hafen Vancouvers gebracht, in riesige Schiffe verladen und nach Australien exportiert werden. Nach dem Bau des Panamakanals 1914 fuhren die Frachtschiffe

---

* George Vancouver war in England geboren worden. Doch seine Familie stammte ursprünglich aus dem holländischen Ort Coevorden, daher der Name «van Coevorden», der später zu «Vancouver» wurde.

Selbst die Altstadt Vancouvers ist noch nicht wirklich alt – und chic renoviert.

auch nach Europa. Vancouver wurde schließlich der größte Getreide-exporthafen der Welt.

1897 wurde wieder Gold gefunden, diesmal am Klondike River in Alaska – weitab in der Wildnis des Nordens. Doch Vancouver war die letzte Stadt auf dem Weg dorthin. Durch die vielen Goldsucher ver-doppelte sich die Bevölkerung Vancouvers auf fünfundzwanzigtausend Einwohner. Lachse und Holz machten den Reichtum der Stadt aus. 1901 gab es bereits neunundvierzig Lachsverarbeitungsfabriken. Die Sägemühlen wurden alle zwanzig Jahre abgerissen und weiter im Inland neu erbaut. So schnell verschwanden die riesigen Wälder.

Doch neue Industrien kamen hinzu. 1911 wurde das erste Wasser-kraftwerk im Frazer River gebaut. Werften wurden eingerichtet, die fünfmastige Segelschiffe für den Holzexport bauten, ab 1917 auch Stahlschiffe und Schiffsmotoren. Eisen wurde in Stahlwerken verarbeitet, und daraus wurden Ketten, Bolzen, Nieten, Fässer und Bandsägen für die Holzfällerei produziert, später auch Traktoren und Bulldozer.

1930 baute William Boeing*, der Sohn eines deutschen Immigranten** aus Hagen, das erste Wasserflugzeug in Vancouver. 1939 errichtete er die Boeing-Flugzeugwerke, in denen während des Zweiten Weltkrieges die großen B-29-Bomber gebaut wurden. Henry Ford errichtete in Vancouver eine Autofabrik. 1951 wurde eine Pipeline von Edmonton und Calgary quer durch die Rocky Mountains gelegt. Das Öl wird in Vancouver teils in Öltanker verladen und verschifft, teils zu Benzin, Diesel, Kerosin und Erdgas raffiniert.

Holz, Erze, Wasserkraft und schließlich Erdöl waren die Grundlagen, die Vancouver zu einer bedeutenden Industriestadt werden ließen – nicht zu vergessen die Lachse, die den ersten Reichtum ermöglichten. Doch auch als die Lachse und die Wälder schwanden, hatte Vancouver bereits so viele verschiedene Industrien, dass es – anders als Prince Rupert – weiter wachsen konnte.

Mit diesem Reichtum wurde Vancouver auch zur Kulturstadt mit großen Theatern und Konzertsälen und -hallen, in denen die großen Stars ihrer Zeit auftraten: Elvis Presley, The Beatles, The Rolling Stones, Michael Jackson, Shakira – um nur ein paar wenige zu nennen. 2010 wurden in Vancouver und den umliegenden Rocky Mountains die Olympischen Winterspiele ausgetragen, an denen über zweitausendfünfhundert Athleten teilnahmen. Vancouver ist aber auch die Ausgangsstadt von Greenpeace. Hier wurde Greenpeace 1971 gegründet. Von hier aus starteten die ersten Protestfahrten gegen die Atombombentests der US-Amerikaner auf den Aleuten-Inseln vor Alaska.

* Sein deutscher Name lautete Böing und wurde auch so ausgesprochen. In Amerika änderte er ihn in Boeing (gesprochen: Bo-ing).
** Immigrant (Mehrzahl: Immigranten) ist ein anderes Wort für Einwanderer.

Doch Vancouver ist nur eine Stadt – eine Ansammlung von Häusern, Straßen und Industrien. Eine Stadt kann nichts machen. Etwas machen können nur die Menschen, die in ihr leben. Wer sind die Einwohner von Vancouver?

Die ursprünglichen Bewohner der Region, die Squamish und Musqueam, machen nur einen sehr kleinen Teil der Bevölkerung aus. Schon 1868 beschlossen die europäischen Neueinwanderer, dass die ursprünglichen Bewohner keinerlei Rechte auf eigenes Land haben sollten. Mit neuen Gesetzen wurde ihnen auch verunmöglicht, vor den Gerichten gegen diesen Beschluss zu klagen. Alle ihre Proteste halfen nichts. Schließlich, fast fünfzig Jahre nach diesem Beschluss, versammelte Joe Capilano, Häuptling der Squamish (sein Squamish-Name lautete: Sua-pu-luck), einige Häuptlinge von anderen Stämmen. Gemeinsam reisten sie 1905 nach London und forderten von König Edward VII. das Recht auf ihr angestammtes Land zurück. Doch sie wurden nicht vorgelassen und nicht angehört. Ihnen wurde nur beschieden, dass ein solches Verfahren Jahre oder Jahrzehnte dauern könne. Die Squamish haben ihr Land bis heute nicht zurückerhalten und sind auch nicht dafür entschädigt worden.

Zunächst waren es vor allem Briten, die nach Vancouver kamen. Denn die ganze Region, British Columbia, gehörte zur britischen Krone, bis Kanada 1867 ein eigener Staat wurde. Auch Deutsche, Schweden, Dänen, Norweger, Holländer, Österreicher, Griechen, Mazedonier, Polen, Armenier, Esten, Mexikaner, Japaner, Inder, Chinesen und viele andere wanderten ein.

Doch Chinesen, Japaner und Inder wurden nicht als vollwertige Bürger angesehen, selbst wenn sie bereits britische Staatsangehörige waren. Obwohl Chinesen etwa die gefährlichsten Arbeiten am Bau der Eisenbahn übernahmen, durften sie an Wahlen nicht teilnehmen. Sie durften keine Grundstücke erwerben und viele Berufe wie Ärzte, Rechtsanwälte

Kanadier sind Menschen aus aller Welt – etwa von den Philippinen.

und Lehrer nicht ausüben. Kartoffeln und Gemüse von chinesischen Gärtnern durften nicht in Vancouver verkauft werden. 1903 musste jeder chinesische Immigrant fünfhundert Dollar Einwanderungssteuer bezahlen – damals so viel, wie man erst in mehreren Jahren verdienen konnte. Später durften gar keine Chinesen mehr einwandern. Chinesen wurden nur im Kellergeschoss der Krankenhäuser behandelt. Schwimmbäder waren für Chinesen, Japaner und Inder verboten. Chinesische Schulkinder durften 1920 keine öffentlichen Schulen mehr besuchen. 1922 wurde fast der Hälfte der japanischen Lachsfischer ihre Fischfanglizenz weggenommen und stattdessen britischen Fischern gegeben.

Als der Zweite Weltkrieg ausbrach und Japan in den Krieg eintrat, wurden die Fischerboote aller japanischstämmigen Kanadier beschlagnahmt, ihre Häuser, Autos, Kameras und Radios eingezogen. Sie selbst wurden in Eisenbahnzüge gesteckt und weit weg von der Westküste ins Innere Kanadas verfrachtet.

Erst nach dem Krieg erhielten die japanischen Kanadier ihre Bürgerrechte zurück. 1960 durften auch die indischen Kanadier wählen. 1971 wurde dann Kanada das erste Land der Welt, in dem offiziell nicht nur die Kultur einer einzigen Menschengruppe lebt, sondern die Kulturen aus allen Teilen der Welt: eine Multi-Kultur. Selbst einige Rechte der Indianer wurden anerkannt und diese als «First Nations», also die «ersten Nationen», gewürdigt.

Inzwischen waren Flüchtlinge aus vielen Teilen der Welt in Vancouver eingetroffen:

- 1953 aus dem verarmten Portugal
- 1956 aus dem von der UdSSR besetzten Ungarn
- 1968 aus der ebenfalls von der UdSSR besetzten Tschechoslowakei
- 1975 aus dem von Nordvietnam besetzten Südvietnam
- 1983 aus dem Bürgerkrieg von El Salvador
- 1984 aus Hongkong, als angekündigt wurde, dass die Briten ihre Kolonie Hongkong 1997 an China zurückgeben würden. Mit den Hongkong-Chinesen kamen riesige Geldmengen nach Vancouver.

Menschen aus fast allen Teilen der Welt konnten nach Vancouver (und in andere Großstädte Kanadas) flüchten oder einwandern. Viele kamen aus Kriegs- oder Bürgerkriegsgebieten und waren (und sind weiterhin) glücklich, hier friedlich leben zu können. Das ist sicher das Schönste an diesem jungen Land Kanada und der noch jüngeren Stadt Vancouver: dass die über zwei Millionen (in ganz Kanada 34 Millionen) Menschen mit ihren über hundert verschiedenen Sprachen hier friedlich zusammenleben. Und es wäre natürlich noch schöner, wenn dabei die Landrechte der Ureinwohner nicht vergessen würden.

Heute sucht Kanada weiterhin Menschen aus aller Welt, die einwan-

Die meisten Kanadier lieben ihr Land!

dern wollen. Aber diese werden genau ausgewählt: Sie müssen eine der beiden Landessprachen Englisch oder Französisch fließend sprechen und einen Beruf erlernt haben, der in Kanada gebraucht wird.

Vancouver – diese junge Stadt hat den größten Teil ihres Lebens noch vor sich. In seinem Gedicht «Vancouver» sagte es der Schriftsteller Alexander Maitland Stephen so:

«... Ninive, Babylon, Rom –
der Klang dieser Städte ist ein Echo in einem leeren Raum,
das den Staub der Knochen von Toten aufwirbelt.

Vancouver –
der Klang dieser Stadt ist eine Welle,
die erst an den Stränden der Zukunft brechen wird.»[*]

[*] A. M. Stephen: «Vancouver», 1932 (Übersetzung J.B.).

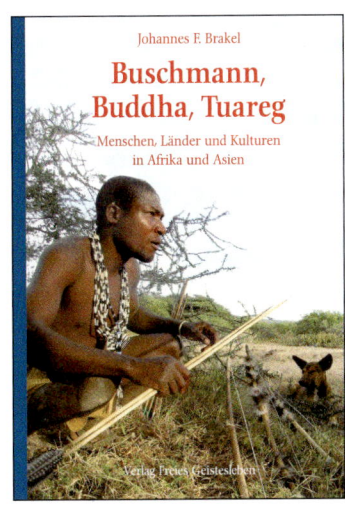

Johannes F. Brakel

Buschmann, Buddha, Tuareg

Menschen, Länder und Kulturen
in Afrika und Asien
251 Seiten mit zahlreichen farbigen
Abbildungen, gebunden

Die Betrachtungen von Johannes F. Brakel, die aus unmittelbaren Erlebnissen und Erfahrungen entstanden sind, widmen sich neun Regionen und Völkern in Afrika und Asien. So erfahren wir viel über die Lebensweise einzelner Stämme in Afrika, die immer noch wie Jäger und Sammler leben, wir lesen vom entbehrungsreichen Leben der Ackerbauern und den faszinierenden Errungenschaften der Hochkulturen in Südostasien. Die Schilderungen zeichnen damit zugleich den Gang der Kulturentwicklung von den Frühmenschen bis zu den Hochkulturen nach. Durch viele Einzelheiten und aktuelle Problemstellungen erschließen sich wichtige kulturelle und politische Zusammenhänge. Viele Farbfotos bereichern dieses Lesebuch.

Verlag Freies Geistesleben

Johannes F. Brakel

Birken, Mohn und Baobab
Ein Streifzug durch die Pflanzenwelt
216 Seiten mit zahlreichen farbigen
Abbildungen, gebunden

Etwa sechzig bekannte und weniger bekannte, einheimische und exotische Pflanzen beschreibt Johannes F. Brakel in anschaulichen Porträts: von der Eiche über die Mistel, Gräser und Lilien, Wildfeigen und Mimosen, Palmen, Orchideen, Farne, Moose und Pilze, Kakteen, Lärchen und Edelweiß bis zu Seerosen, Tangen und Algen. Auf diesem abwechslungsreichen Streifzug stellt er staunenswerte Phänomene und verborgene Schönheiten der Botanik dar. Er schildert zugleich die verschiedenen Lebensräume und Vegetationszonen, in denen die einzelnen Pflanzen vorkommen, und zeichnet so ein erstes Gesamtbild unserer Pflanzenwelt.

Verlag Freies Geistesleben

Johannes F. Brakel

Biber, Buntspecht und Delphine
Wie Tiere leben
160 Seiten mit zahlreichen farbigen
Abbildungen, gebunden

Wann gehen Biber auch einmal auf zwei Beinen und was machen kleine Elefanten, wenn sie müde sind? Auch kleine Besonderheiten wie
diese beschreibt Johannes F. Brakel in den neunzehn Tierporträts, die
auf vielen eigenen Beobachtungen und Erlebnissen beruhen. Tiere ver-
schiedenster Art mit ganz verschiedenen Lebensräumen werden hier
in ihren charakteristischen Zügen dargestellt: Elefant, Kamel, Kra-
nich, Rotkehlchen, Moschusochse, Mornellregenpfeifer, Fuchs, Uhu,
Schimpanse, Mistkäfer, Schwalbenschwanz, Delphin, Haubentaucher,
Schwalbe, Ameise, Biber, Fledermaus, Igel und Buntspecht.
Ein Buch für alle, die eine besondere Beziehung zu Tieren haben oder
suchen, besonders aber für junge Leser ab etwa 10 Jahren zur selbststän-
digen Lektüre zu Hause oder in der Schule im Rahmen des Unterrichts.

Verlag Freies Geistesleben